スペイン沖の地中海で
プラスチック製のあみがからみついた
アカウミガメ

ポリ袋がからみついた
コウノトリ科のシュバシコウ。
このあと助けられた
（スペイン）

アジア最貧国のひとつバングラデシュで
捨てられたペットボトルを色ごとに仕分けをする人々

エサが食べられなくて死んだクジラの
おなかからでた大量のビニール袋（タイ）

海岸の砂には、
小さなプラスチックが
たくさんまじっている
（沖縄・石垣島の海岸）

クジラのおなかからプラスチック
保坂直紀
NAOKI HOSAKA
旬報社

［もくじ］



［写真提供］
p.009―高田秀重（東京工業大学教授）／p.010―グリーンピース・ジャパン／p.035―海と日本プロジェクトinしまね／p.041―NPO法人荒川クリーンエイド・フォーラム／p.093磯辺篤彦（九州大学教授）／p.95―磯辺篤彦（九州大学教授）／p.137―NPO法人荒川クリーンエイド・フォーラム／p.149―スターバックスコーヒージャパン
**カラー口絵**：p.1-3―日経ナショナルジオグラフィック社／p.4―磯辺篤彦（九州大学教授）

# はじめに——世界はとても困《こま》っている

## クジラのおなかはプラスチックの袋《ふくろ》でいっぱい

タイの海岸に打ち上げられたクジラの胃から、80枚《まい》をこえるプラスチックの袋《ふくろ》がでてきたというニュースが、2018年6月に流れました。5月末に打ち上げられたこのオスのクジラは、残念ながら死んでしまいました。そこで、おなかを切り開いて調べてみたところ、こんなにたくさんの袋《ふくろ》がみつかったというのです。重さにして約8キログラムにもなったといいます。

この「プラスチックの袋《ふくろ》」って、いったいなんだと思う？

きみたちも見たことがあるはずです。スーパーマーケットやコンビニエンスストアなどで買い物をすると、うすくて白っぽい「レジ袋《ぶくろ》」に入れてくれるよね。これが、代表的な「プラスチックの袋《ふくろ》」なんだ。

プラスチックというと、食べ物の保存容器《ほぞんようき》やシャンプーのボトルのような、なにか硬《かた》いものを思いうかべるかもしれませんね。ですが、じつは、プラスチックにはたくさんの種類があって、あの軟《やわ》らかいレジ袋《ぶくろ》もプラスチックのひとつなのです。レジ袋《ぶくろ》のほか、わたしたちがふつう「ビニール袋《ぶくろ》」とよんでいるものも、やはり「プラスチックの袋《ふくろ》」です。

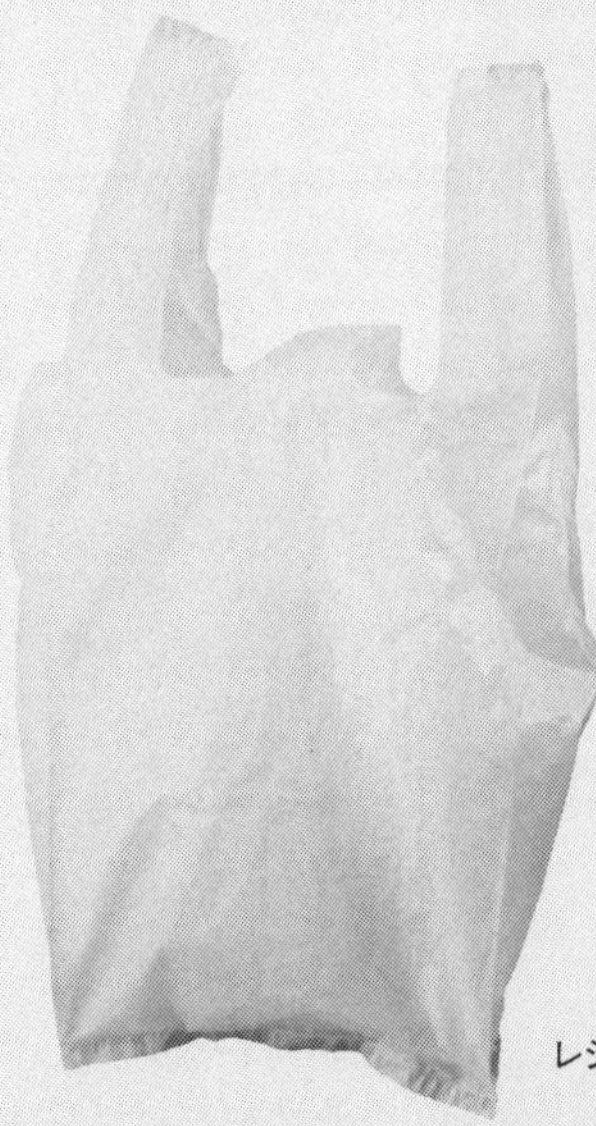
レジ袋もプラスチックのひとつ

クジラは、これらの袋《ふくろ》をえさとまちがえて飲みこんだ可能性があります。プラスチックの袋《ふくろ》をたくさん飲みこんでしまったために、ほんとうに必要な栄養をえさからとることができなくなって死んだらしいのです。

じつは、これはクジラだけの話ではありません。ウミガメも、えさのクラゲとまちがえてプラスチックの袋《ふくろ》を食べてしまうことが、むかしから問題になっていました。

## プラスチックの袋《ふくろ》はわたしたちが使ったもの

考えてみると、不思議な話ですね。なぜ海にプラスチックの袋《ふくろ》があるのでしょうか?

もちろん、プラスチックの袋《ふくろ》は海で作られたわけではありません。陸に住んでいるわたしたち人間が作り、そして使ったものです。それが海に出ていってしまったのです。

みなさんは、海水浴に行ったとき、使い終わったレジ袋《ぶくろ》をきちんと持ち帰りましたか。ごみ捨《す》て場《ば》でないところに置いてきてしまったことはないですか。こんなレジ袋《ぶくろ》は、風にふかれたり波にさらわれたりして、すぐ海に入ります。

それだけではありません。川の水は流れて海に出ていくので、川のまわりに捨《す》てられたプラスチックの袋《ふくろ》も、やがては海に出ていってしまいます。

つまり、わたしたちの生活から出たプラスチックの袋《ふくろ》は、陸上できちんと処理《しょり》されないかぎり、やがては海に出ていってしまうものなのです。

それをクジラやウミガメがまちがえて食べる。わたしたちが便利な生活をするために使っているプラスチックの袋《ふくろ》が、海の生き物たちを苦しめているのです。

## 東京湾《とうきょうわん》のイワシにもプラスチックが

このように、わたしたちが使ったプラスチックは、ごみとして海にたくさん流れていっています。たしかに、きれいな海がプラスチックのごみで汚《よご》れるのは困《こま》るけれど、わたしたちは陸で暮《く》らしているから、いったん海に流れ出たプラスチックごみは、わたしたちの生活にはあまり関係がない。そう思うでしょうか？

そんなことはけっしてありません。海に出たプラスチックのごみを、わたしたちは、まわりまわって食べてしまっている可能性があります。

東京湾でとったカタクチイワシ。体内からプラスチックが出てきた

あとでくわしく説明しますが、プラスチックは、太陽の光をあびるとぼろぼろにこわれやすくなり、海では波の力で細かくくだけていきます。どんどんくだけて、大きさが5ミリメートルより小さくなったものを「マイクロプラスチック」といいます。「マイクロ」は、英語で「とても小さい」という意味です。

このマイクロプラスチックが、東京湾を泳いでいるカタクチイワシの体内からみつかりました。東京農工大学の高田秀重教授らのグループが、東京湾で2015年8月にとった64匹のカタクチイワシを調べたところ、その約8割にあたる49匹からマイクロプラスチックがみつかったのです。えさと間違えて食べてしまったようです。海岸から近い海に多く生息するカタクチイワシは、めざしやしらす干し、煮干しとして、わたしたちもよく食べています。ふくまれていたマ

イクロプラスチックは1匹《びき》あたり最大で15個、平均すると2・3個でした。合計150個のマイクロプラスチックで多かったのは、その86％にあたる129個の小さなかけらでしたが、7％の11個は「マイクロビーズ」でした。

プラスチックの小さな粒「マイクロビーズ」

マイクロビーズというのは、ふだん使う洗顔料《せんがんりょう》や歯みがきの中に入っている、プラスチックの非常に小さな粒《つぶ》のことです。顔を洗《あら》い流したり口をすすいだりすれば、このマイクロビーズは下水に流れこみます。それが下水処理場《しょりじょう》でうまく取りのぞかれずに、海に出てしまったと考えられています。いまは、プラスチック製のマイクロビーズを使わないようにする動きがありますが、すでに使われたものが海にただよっているらしいのです。

カタクチイワシは、ふだんからわたしたちがよく食べる魚です。さきほど、ごみは流れて海に出るとお話ししました。ですが、このカタクチイワシの話からすると、海がごみの終着点ではないということですね。プラスチックはごみとなって海に出て、またわたしたちのところに、しかもわたしたちの体にもどってくることになります。

## 世界も動きだしている

プラスチックは、このように世界中にごみとして広がってしまっています。プラスチックを作りだしているのは、わたしたち人間ですから、このまま放っておくわけにはいきません。世界のあちこちで、プラスチックごみを減らす取り組みが始まっています。

世界の主要国が地球全体の問題について考える首脳《しゅのう》会議（G7）は2018年6月、それぞれ自分の国でプラスチックごみを減らす努力をしていこうという「海洋プラスチック憲章《けんしょう》」をまとめました。日本と米国を除《のぞ》く国々は、この憲章《けんしょう》に署《しょ》名《めい》しました。プラスチックの使用を減らしていくことを、この場で世界に約束したのです。

その翌月《よくげつ》、世界的なコーヒーチェーンのスターバックスは、使いすてのプラスチック製ストローの使用を2020年でやめると発表しました。ハンバーガーチェーンのマクドナルドも、英国とアイルランドでプラスチック製ストローを紙のストローにかえていくといいます。日本でも、こうした動きがでています。

## プラスチックのごみは社会の問題だ

プラスチックのごみやマイクロプラスチックについての話を、テレビのニュースや新聞で見聞きすることが増えてきました。テレビや新聞は、世の中でおきていることをなんでも伝えているのではありません。それが社会にとって大きな問題であり、みんなで解決の方法を考える必要があったり、一人ひとりがどうしたらよいかを考える助けになったりすることがらを選んで、ニュースとして伝えます。つまり、プラスチックのごみは、専門家《せんもんか》だけが考えればよいのではなく、みんなで考える必要がある問題だということです。

みなさんのまわりを、ちょっと見てみてください。シャープペンやボールペン。スーパーマーケットで売っている肉や魚の容器。合成繊維《ごうせいせんい》でできた衣服。これらはすべてプラスチックです。プラスチックは、わたしたちの生活のいたるところに入りこんでいます。

ふだんの生活では、そのプラスチックがやがてどうなるのかを、あまり考えていないかもしれません。じょうぶで長く使えるというプラスチック製品の長所が、いったんごみになれば、自然に分解されることもなく、いつまでも地球を汚《よご》したままになるという短所に変わります。プラスチックは、ごみとして考えた場合、あつかいにくい、とても困《こま》ったものなのです。

プラスチックは、わたしたちの生活を支えてくれている便利なものでもあるので、すぐに使うのをやめるというわけにはいきません。ですが、むだにたくさん使ったり、むやみに捨《す》てたりすることをちょっとひかえることは、できるかもしれませんね。そういうことを、みなさんにも考えてほしい。そう思って、この本を書きました。

これまでに、「プラスチック」ということばを、たくさん使ってきました。ふだんの生活でも、ふつうに使っていることばです。さきほど、買った物を入れる白い不透明《ふとうめい》な「レジ袋《ぶくろ》」はプラスチックなのだとお話ししましたが、プラスチックにはこのように軟《やわ》らかいものもあり、ガラス容器の代わりになるような硬《かた》いプラスチックもあります。

あとで「プラスチックとは何か」というお話をしますが、そのまえに、このようなプラスチックが、どのようにして海のごみになってしまうのかを考えておきましょう。世界で使われるプラスチックはいまも増えていて、それがごみになって、とても困《こま》ったことがおきているのです。

飛行機
船
大漁
SUPER MARKET
スーパー
ペットボトル
魚や肉のトレイ
車
買物カゴ
テニスラケット
干しざお
ビニールハウス
シャンプー容器
バスタブ
ふろおけ
コンテナ

# プラスチックのある生活

私たちの暮らしのあらゆる場所で
プラスチックは使われている

DRINK

# 1

# プラスチックってなんだ?

使うと便利、でも、ごみになると困《こま》りもの

## プラスチックは世界中で増えている

プラスチックは、なにかを作ろうとするとき、とても便利な材料です。硬《かた》くて丈夫《じょうぶ》でこわれにくい容器や、ものを組み立てるときに必要な複雑な形の部品などを、安く簡単《かんたん》に作ることができます。

日本では、いまから70年ほど前、1950年代からプラスチックがたくさん使われるようになりました。最初のうちは、プラスチックが使われるのは、バケツやザルのような日用品が中心でした。やがてラジオや冷蔵庫《れいぞうこ》などの電気製品がプラスチックでたくさん作られるようになり、プラスチックの使用量がどんどん増えました。

さらに、マイカーも増えました。バスやタクシーだけではなく、それぞれの家庭で自動車をもつようになってきたのですから、その数は急に増えていきました。こんど自動車に乗ったとき、ぜひ車内を見てみてください。ハンドルや運転席のメーター、そして座席《ざせき》のシートなどもプラスチックでできています。当然、使われるプラスチックの量も増えるわけです。

むかしは買い物に行くとき、かならず自分のかごやバッグを持っていったものですが、最近は手ぶらで行って、買ったものをあの白くて不透明《ふとうめい》な「レジ袋《ぶくろ》」に入れてもらうのがふつうになってしまいました。このレジ袋《ぶくろ》もプラスチックです。

このように、わたしたちが便利な生活をしようとすると、身の回りにプラスチックが増えていきます。これは日本だけの話ではなく、世界中でおなじことがおきています。たくさんのお金を使って豊かに暮《く》らしている国でも、これから豊かになろうとする国でも、プラスチックがたくさん使われているのです。

## プラスチックはどれくらい作られているのか

プラスチックは、わたしたち人間が作りだしたものです。自然の世界にはありません。最初にプラスチックが発明されたのは19世紀のなかば。プラスチックにはいろいろな種類があるのですが、このころ作られたのは「エボナイト」と「セルロイド」です。もっとも、これらは天然ゴムなどの植物の成分を使って作ったプラスチックなので、人間が作りだしたものとはいいきれないかもしれません。

20世紀に入ると、石炭を原料にした「ベークライト」という完全に人工的なプラスチックが発明され、それからプラスチックの種類は増えていきました。プラスチックは現在、おもに石油を原料にして作られています。

プラスチックが世界中で大量に使われるようになったのは、さきほど日本の例でお話ししたように、1950年代からです。プラスチックの生産量は、とくに21世紀に入ってから、増え方がはげしくなっています。

プラスチックがたくさん作られていることはたしかなのですが、世界中でこれまでに何トンくらいのプラスチックが生産され、どれくらいがごみとして捨《す》てられているかとなると、はっきりしません。国によって記録のしかたが違《ちが》ったり、プラスチックは捨《す》てられるまでに何年くらい使われるのかといった点が、よくわからなかったりするからです。

ここでは、米国にあるカリフォルニア大学などの研究者たちが、さまざまな資料をもとに研究して計算した結果を紹介《しょうかい》しておきましょう。

1950年から2015年までに生産されたプラスチックは83億トンです。こ

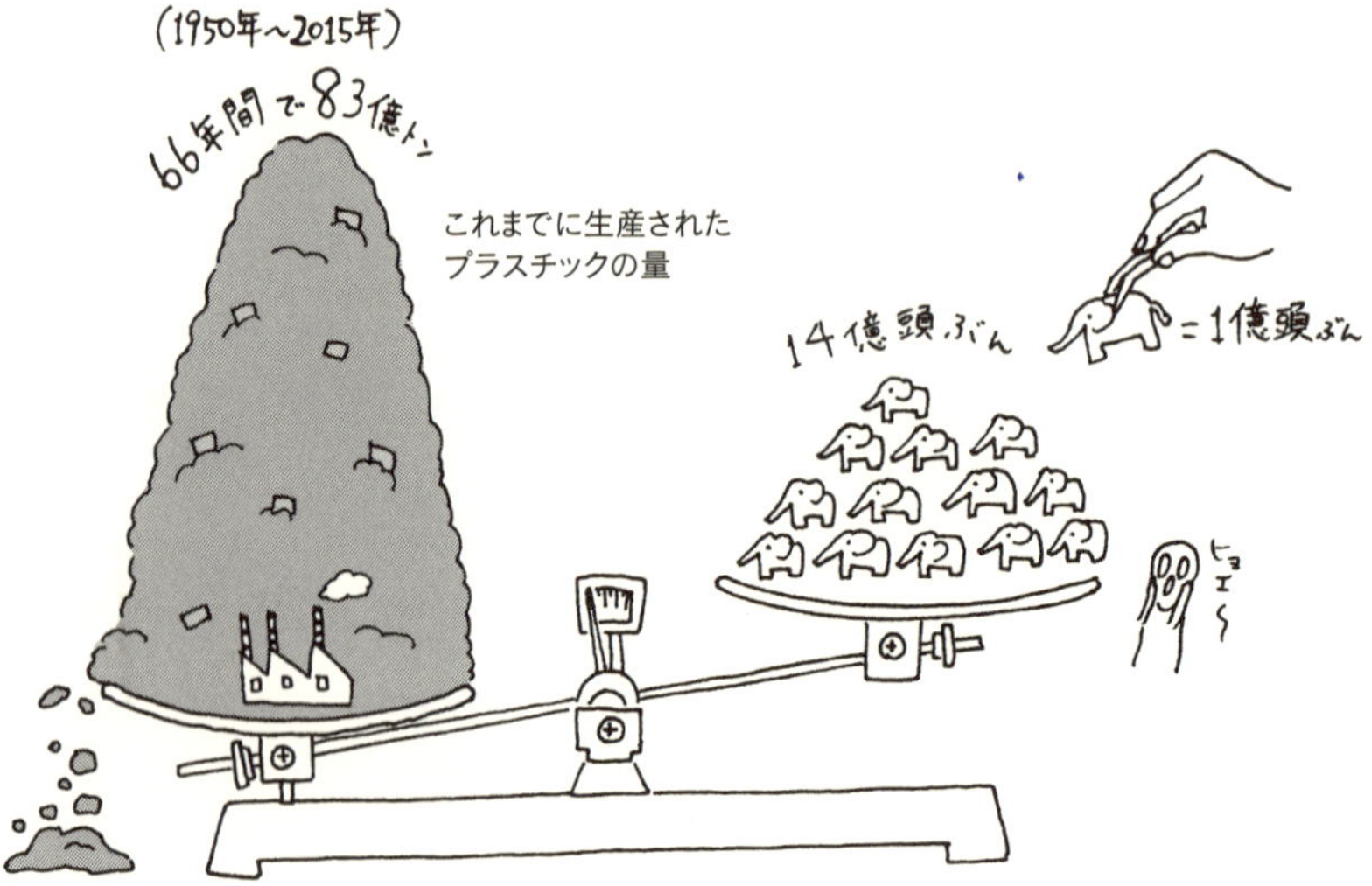


れには、ごみになったプラスチックを再利用する「リサイクル」でできたプラスチックはふくまれていません。あの大きなアフリカゾウの体重は6トンくらいですから、その14億頭ぶんにもなる重さです。いま日本の人口は約1億3000万人なので、おおざっぱにいえば、日本に住んでいる人がすべてアフリカゾウになった重さの、その10倍くらいの重さのプラスチックが、これまでに生産されているわけです。たいへんな量です。

この研究では、このままの状態《じょうたい》が続ければ、2050年までに合成繊維《ごうせいせんい》をふくめて300億トン以上ものプラスチックを作ることになると予想しています。

## 海岸にたくさん流れつくプラスチックごみ

海に遊びに行ったとき、汚《よご》れたプラスチックのボトルやロープの切れはしなどが砂浜《すなはま》に打ち上げられているのを、見たことがないでしょうか。海岸に打ち寄せる波は、海面にういているものを岸のほうに運んできます。そして、いちど打ち上げられてしまえば、つぎに波がさらっていくまで海にはもどらないので、もともとは海にういていたものが、こうして砂浜《すなはま》で見つかるのです。

日本の環境省《かんきょうしょう》は毎年、海岸にどのようなごみが打ち上げられているかを調査しています。北海道から九州・鹿児島《かごしま》までの10地点で2016年に行った調査によると、全体的にみて、折れて海に流れ出た木のような自然のままの漂着物《ひょうちゃくぶつ》（「流れついたもの」という意味です）は、体積ではかると半分くらいで、残りの半分は、プラスチック製の容器や漁に使う網《あみ》など、わたしたちが生活のために作った人工物でした。漁に使う「漁具」をふくむこうした人工物は、少ない海岸では漂着物《ひょうちゃくぶつ》の2割ほどでしたが、多いところでは9割《わり》にもたっしていました。

流れついた人工物には、たくさんのプラスチックがふくまれています。この調査によると、たとえば、紀伊《きい》半島の南端《なんたん》にある和歌山県串本《くしもと》の海岸では、人工物の16％がペットボトル、23％が発泡《はっぽう》スチロールで、そのほかのプラスチックや石油から作られたものも3割《わり》以上ありました。ペットボトルも発泡《はっぽう》スチロールも、プラスチックの一種です。金属、木材などはごく少なく、流れついた人工物の多くはプラスチックのごみであることがわかります。

さきほどもお話ししたように、海岸に流れついたこのようなごみは、もともと海をただよっていたものです。環境省《かんきょうしょう》が調査した海岸のすべてで、このようなプラスチックごみが見つかっています。海岸に流れつかずに海をただよっているプラスチックごみもあるわけですから、海には、もう、たくさんのプラスチックごみが流れ出てしまっていることがわかります。

## アジアの国々では

さきほど、これまでに83億トンものプラスチックが作られたとお話ししました。そのうちのどれくらいが、海をただようごみになっているのでしょうか。

米国のジョージア大学やカリフォルニア大学などの研究者が調べたところ、海に面した192カ国が2010年の1年間で作ったプラスチックは2億7500万トンで、480万～1270万トンのプラスチックがごみとして海に流れ出たことがわかりました。作ったプラスチックがすぐにごみになるわけではありませんが、生産量に対して1・7~4・6%のプラスチックが、ごみとして海に流れこんでいるわけです。

この研究によると、海に流れこんだプラスチックごみが多い国は、多い順に中国、インドネシア、フィリピン、ベトナム、スリランカです。いずれもアジアの国々です。上位20番目までの国は、そのほとんどが、これから豊かになろうとしているアジアやアフリカの途上国《とじょうこく》です。主要先進国では米国が20番目でいちばん多く、日本は全体で30番目でした。

あとでくわしくお話ししますが、使い終わってごみになったプラスチックは、陸にうめたり、燃やしたり、もういちど使う「リサイクル」にまわしたりして、きちんと処理《しょり》しなければなりません。そうしておけば、海に流れこむこともないのです。

しかし、途上国では、このようなプラスチックごみの処理《しょり》に、なかなか手が回

## 海ごみMAP

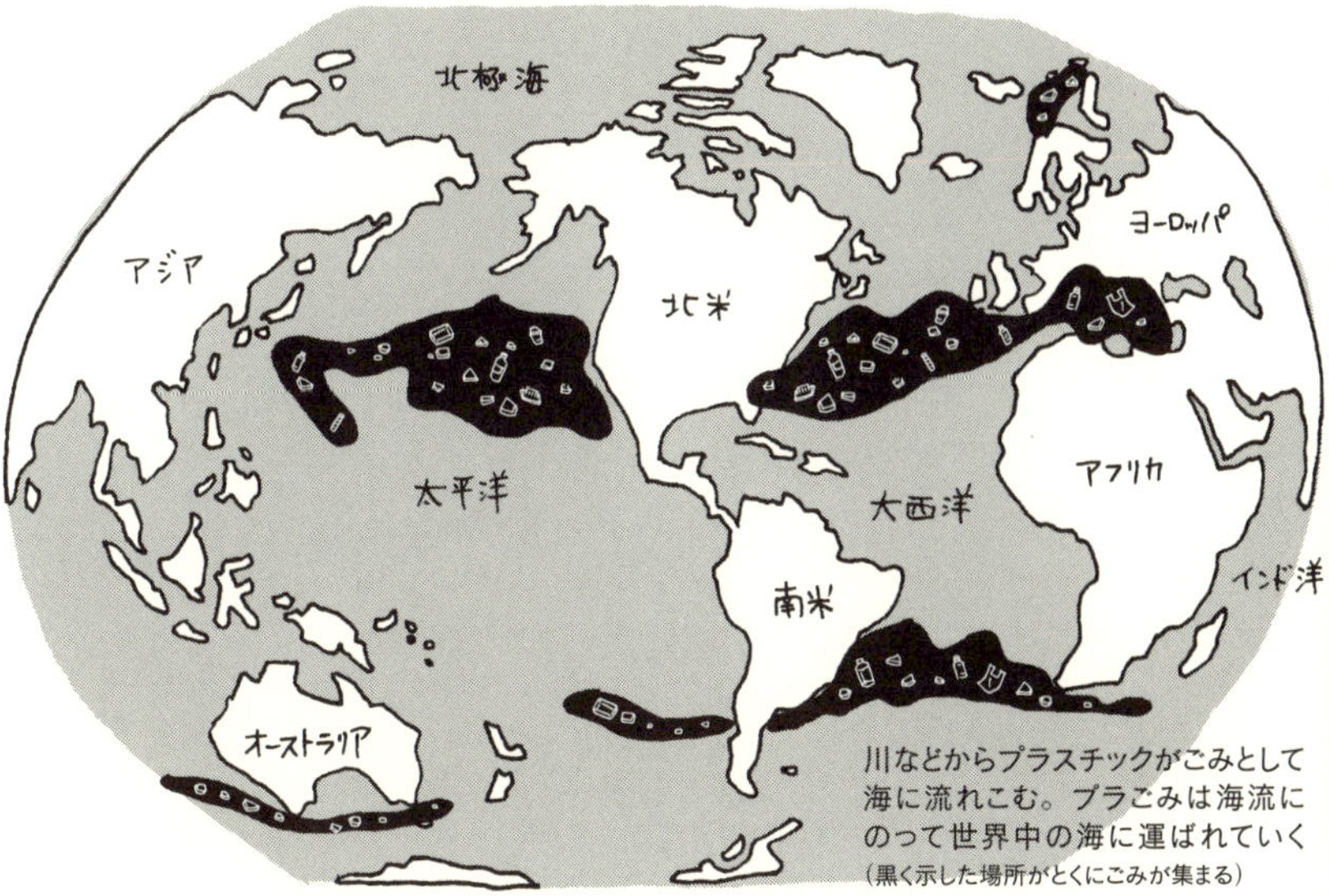


川などからプラスチックがごみとして海に流れこむ。プラごみは海流にのって世界中の海に運ばれていく
（黒く示した場所がとくにごみが集まる）

りません。新しいものを作りだしていくほうに関心が向いてしまい、ごみの処理《しょり》は、どうしても後回しになってしまうからです。適当に投げ捨《す》ててしまったり、ごみ捨《す》て場はあっても、それがきちんと管理されていなかったりするのです。

ごみをきちんと処理《しょり》するというのは、案外むずかしいものです。かつては、日本もそうでした。プラスチックではありませんが、工場で製品を作るときに出る有害な液などを、そのまま川や海に捨《す》てていた時代もありました。

この研究では、もし、いまプラスチックごみをたくさん海に流してしまっている上位20カ国が、きちんと処理《しょり》しないままにしているプラスチックごみの量を半分にしてくれれば、2025年の時点で、世界全体ではプラスチックごみが4割《わり》も減ると予測しています。世界中の国々でプラスチックごみを減らせればよいのですが、とりあえず、これらの国々だけでもプラスチックごみをきちんと処理《しょり》するようにすれば、世界のプラスチックごみは、かなり減るはずなのです。

## どんなごみがあるのか調べたら

海のプラスチックごみのうち、こうして陸から海に流れこむのは、全体の8割《わり》くらいだと考えられています。ともかく、たくさんのプラスチックが海に流れこみ、ごみとなっているのです。

さきほど、日本の海岸に流れついているプラスチックごみについてお話ししました。ですが、もちろん、海岸がプラスチックごみで汚《よご》れているのは、日本だけの話ではありません。世界中でおなじことがおきています。

世界のさまざまな国の人たちが協力して、海岸のごみをひろってきれいにし、どんなごみが落ちていたのかを調べる「国際海岸クリーンアップ」という活動がありあます。米国の環境《かんきょう》保護団体「オーシャン・コンサーバンシー」が中心になって活動しています。

この団体がまとめた2017年の報告書によると、世界各国の約80万人が協力し、海岸や川などで集めたごみは約2000万個にもなりました。多かったのは、たばこの吸《す》いがら・フィルター（241万個）、食品の包装《ほうそう》材料（174万個）、飲み物のプラスチック容器（157万個）、プラスチック容器のキャップ（109万個）、レジ袋《ぶくろ》（76万個）、レジ袋《ぶくろ》以外のプラスチックの袋《ふくろ》（75万個）、ストローやかきまぜ棒《ぼう》（64万個）、食品などを持ち歩くための硬《かた》いプラスチック容器（63万個）、プラスチックのふた（62万個）、発泡《はっぽう》スチロール製の容器（58万個）などでした。

たばこのフィルターは、「アセチルセルロース」という繊維《せんい》でできています。植物にふくまれている物質を原料に使っているので、石炭や石油から作られる完全に人工的なプラスチックとはいえませんが、分解しにくいため、ごみとして捨《す》てられれば、いつまでも環境《かんきょう》を汚《よご》します。

そのほかの多くは、プラスチックごみです。食品の包装《ほうそう》にはプラスチックが多く使われますし、わたしたちのだれもが日常生活で使っているプラスチックが、ごみとなって世界の海岸に流れついていることがわかります。

## 外国からも流れつく

日本の海岸で見つかるプラスチックごみは、日本の陸地から出たものとはかぎりません。海には「海流」とよばれる流れがあります。風によってうまれた波も、そこに浮《う》いているものを波の進む向きに運びます。浮《う》いたものが海面から上に頭を出していれば、風の力もうけます。海に浮《う》いたプラスチックごみは、海流や波、風にのって遠くから運ばれてくるのです。

2017年の2月から3月にかけて、山陰《さんいん》地方を中心に日本海側の海岸に大量のポリタンクが流れついたことが問題になりました。冬にストーブの燃料として灯油を保管するときに使うポリタンクと、大きさや形がよく似たものです。

ポリタンクは、灯油や薬品などの液体を保管しておくのによく使われる容器です。ポリタンクの「ポリ」は、プラスチックの一種であるポリエチレンのことです。つまり、使い終わって海に流れ出たポリタンクは、海を汚《よご》す代表的なプラスチックごみのひとつなのです。

たとえば、島根県の海岸では、3月21日の午後3時までに、2916個ものポリタンクが確認《かくにん》されました。このうち、タンクの中になにかが残っていたものは629個。検査の終わった584個のうち220個に強い酸が残っていました。ほとんどのポリタンクに韓国《かんこく》の言葉が書かれていて、「過酸化水素水」という表示もあったそうです。石川県や鳥取県に流れついたポリタンクには「塩酸」も残っていたということです。

環境省《かんきょうしょう》が、2016年4月から2017年3月までの1年間に日本の海岸に流れついたポリタンクの数をまとめたところ、1万6029個もありました。この

島根県松江市の海岸に流れついたたくさんのプラスチックごみ

うちの１万１００８個には文字が書かれていて、韓国《かんこく》の文字が９４９０個、中国語が８３７個でした。単純《たんじゅん》に考えれば、じつに９割《わり》以上が韓国《かんこく》、中国のポリタンクだったことになります。タンクの中に液体が残っていたのは１４１６個。塩酸や過酸化水素水、使い終わった油などでした。

　過酸化水素水は、学校の理科で、酸素を発生させる実験に使います。塩酸は、二酸化炭素を発生させる実験で使います。いずれも、きちんとあつかわなければ、やけどなどの事故につながりかねない危《き》危《き》険《けん》な物質です。ポリタンクというプラスチックごみといっしょに、このような危険《けん》な液体まで外国から流れついているのです。

日本海には、中国や韓国《かんこく》の近くを通ってきた「黒潮《くろしお》」という大きな海流の一部が、「対馬《つしま》海流」となって流れこんできます。しかも、冬のあいだは、中国やロシアのほうから、冷たい季節風がふいてきます。東シナ海や日本海をただようごみは、とくに冬のあいだ、日本の海岸に流れつきやすくなっています。2017年になぜこんなにたくさんのポリタンクが流れついたのかは、はっきりわかりませんが、すてられたプラスチックごみがこうしてほかの国の海岸を汚《よご》していることは、たしかな事実なのです。

## 日本のごみも世界に広がっている

プラスチックごみは、外国から日本の海岸に流れついているだけではありません。日本から出たごみも、太平洋をたくさんただよっています。

日本では2011年3月11日に、東日本大震災《だいしんさい》が発生しました。東北地方の太平洋沖《おき》の海底でおきた「東北地方太平洋沖地震《おきじしん》」で巨大な津波《つなみ》が発生し、三陸海岸などの太平洋岸におしよせました。亡《な》くなったり行方不明になったりした人は1万8000人をこえ、近年では例をみない大きな災害になりました。福島県にある東京電力の福島第一原子力発電所では、それまで国や電力会社が「絶対に事故はおきない」と言ってきた原子炉が、津波《つなみ》をかぶって大事故をおこしました。

津波《つなみ》は、沖《おき》からおそってきて住宅や自動車、漁に使う網《あみ》などをこわし、こわれた破片などを、こんどは海にさらっていきます。重いものはしずみ、海に流れ出したものの3割《わり》くらいが、ごみとして海をただようことになったと考えられています。その量は、岩手、宮城《みやぎ》、福島の3県だけで150万トンにもなったとみられています。

大震災《だいしんさい》から1年3カ月ほどたった2012年6月、青森県の海岸にあったとみられる浮桟橋《うきさんばし》が米国・オレゴン州の西海岸に流れつきました。海岸に浮《う》かべて、船をよせるための岸の代わりに使う施設です。これが津波《つなみ》にさらわれて、太平洋をわたって流れてきたのです。おなじような浮桟橋《うきさんばし》は、ワシントン州の海岸にも流れつきました。

この大震災《だいしんさい》のとき、日本から出た大量のごみがどこに流れていくのかを、コンピューターで計算した例があります。それによると、ごみは1年9カ月ほどで太平洋をわたって米国の西海岸に達し、震災《しんさい》から2年近くたった2012年2月に、もっともたくさんのごみが流れつくことがわかりました。これらのごみは、米国に流れついて終わりになるのではありません。多くのごみが、太平洋のまんなかにあるハワイ諸島《しょとう》と米国の西海岸のあいだにたまってただよいつづけることもわかりました。

東日本大震災《だいしんさい》では大量のごみが海に流れ出たため、外国をふくめて社会の関心が高まり、たくさんの調査や研究が行われました。それで、海に流れ出たごみのゆくえがこうしてわかってきたのですが、ふだんの生活でプラスチックごみが海に入れば、やはりおなじようにしてただよい、世界に広がっていきます。日本から出たプラスチックごみは、太平洋を広くただようことになるのです。

さきほど、日本の海岸に外国からプラスチックごみが流れついていることをお話ししました。日本から出たプラスチックごみも、外国に流れていきます。どこかの国だけがプラスチックごみを減らすように努力しても、その国の海岸には、外国からプラスチックごみがどんどん流れてきてしまいます。プラスチックごみを減らすには、世界中で協力していく必要があります。

## 川と海はつながっている

では、なぜこんなにたくさんのプラスチックが、ごみとなって海を汚《よご》しているのでしょうか。だれかがプラスチックを海に捨《す》てているのでしょうか。

そのヒントは、川にあります。

東京に、荒川《あらかわ》クリーンエイド・フォーラムという集まりがあります。埼玉県《さいたまけん》、東京都を流れて東京湾《とうきょうわん》にそそぐ荒川《あらかわ》に捨《す》てられているごみをそうじしながら調べ、

荒川河口近くの護岸。ごみに埋めつくされている

よい環境《かんきょう》を取りもどそうとして活動しています。

　この荒川《あらかわ》クリーンエイド・フォーラムが2016年に川でごみを拾い集めたところ、とびぬけて多かったのはペットボトルでした。それに、お菓子《かし》などのポリ袋《ぶくろ》、食べ物のプラスチック容器が続きます。わたしたちがなにかを食べたあとのごみが、ごみとして大量に川岸に残っているわけです。このようすは、毎年ほとんど変わっていません。

　こうして川岸でみつかったプラスチッ

クなどのごみは、ここでそうじして回収《かいしゅう》するのが、海に出さないための最後のチャンスです。このまま放っておいて、たとえば大雨が降《ふ》って水かさが増せば、川に浮《う》いてそのまま海に流れていってしまいます。

川をプラスチックごみで汚《よご》せば、それはやがて海を汚《よご》すことになります。ですから、みなさんがもし海のない県に住んでいても、「海の話だからわたしたちには関係ない」ということには、けっしてなりません。みなさんが出すプラスチックごみは、川をとおして海としっかりつながっているのです。

## プラスチックに苦しめられる生き物たち

海に出てしまったプラスチックごみは、海岸に流れついて砂浜などを汚《よご》すだけではありません。海にいる生き物たちに悪い影響《えいきょう》をあたえています。海にいる哺《ほ》乳類《にゅうるい》の種類の7割《わり》、鳥の種類の5割《わり》が、海をただようごみの影響《えいきょう》を受けているという調査結果があります。とくにウミガメは、どの種類も例外なく影響《えいきょう》を受けているといいます。これらのごみのすべてがプラスチックとはかぎりませんが、実際には、その多くがプラスチックごみです。

たとえば、漁をしている最中に流されてしまったり、不要になって捨《す》てられたりした漁網《ぎょもう》。魚をとるための網《あみ》です。むかしは麻《あさ》や木綿など植物からとった材料で作られていましたが、いまはほとんどがプラスチックでできています。

「ゴースト・フィッシング」ということばがあります。「ゴースト」は英語で「幽《ゆう》霊《れい》」、「フィッシング」は魚をとることです。わたしたち人間が魚をとるのではなく、捨《す》てられた網《あみ》に魚やそのほかの動物がかかってしまうことをさすことばです。だれもいないのに、魚が網《あみ》にかかってしまう。まるで幽霊《ゆうれい》が漁をしているようだという意味です。海底にしずんだ網《あみ》のなかに魚やタコ、カニなどが入りこみ、出られなくなってしまうのです。

こうして海の生き物を苦しめるのは、漁網《ぎょもう》だけではありません。プラスチックでできたロープやレジ袋《ぶくろ》なども、生き物の体にからみつきます。

クジラの場合は、首のまわりやひれにからみつくことが多いようです。歯をもつ小型のクジラであるイルカも、その例外ではありません。アザラシやアシカの首に輪になったひもが巻《ま》きつき、成長して体が大きくなるとともに、そのひもが首をしめるようになることもあります。鳥のくちばしやつばさ、あしにひも状のごみがからみつきます。そうなると飛ぶことも、えさを探し回ることもできなくなります。

ウミガメは、水ぎわからすこしはなれた砂浜《すなはま》にあなをほって卵《たまご》を産みます。卵《たまご》からかえった子ガメは、砂《すな》の中から出てきて海に向かうのですが、海岸に打ち上げられたごみなどがその途中《とちゅう》にあると、動けなくなってしまうことがあります。

海の生き物たちのうちどれくらいの割合《わりあい》が、このようにごみが体にからまって被害《ひがい》を受けているのかを調べるのはむずかしいのですが、タイセイヨウセミクジラの8割《わり》にロープや網《あみ》がからみついたようだという報告もあります。

プラスチックのひもなどが、このように生き物たちにからみついてしまうのは、その生き物たちの習性にも理由があると考えられています。

サメの場合は、海面に浮《う》いている大きなごみを調べてみたり、ごみとなった漁《ぎょ》網《もう》に集まっている魚をえさにしようとしたりするときに、それらが体にからみついてしまうとみられています。

アシカのような哺《ほ》乳類《にゅうるい》は、変わったものを見つけると、それで遊ぶ習性があります。カリフォルニアアシカについての研究によると、被害《ひがい》を受けているのは若《わか》いアシカに多いといいます。若《わか》いアシカは好奇心《こうきしん》が強く、しかも、そうしたごみが危険《きけん》であることを、まだよく知らないからです。

カツオドリなどの海鳥のなかには、海藻《かいそう》を使って巣をつくる種類がたくさんいます。この海藻《かいそう》の代わりに細いプラスチックのひもでできた漁網《ぎょもう》を使い、それが親鳥やひなの体に巻《ま》きついてしまうことがあります。ある調査では、4分の3の巣で漁網《ぎょもう》が使われていました。カツオドリが巣をつくる場所に近いところで漁が行われていることと関係があるとみられています。

## プラスチックがえさ？

プラスチックなどのごみが体にからみついた生き物は、えさをとることも、そして敵から逃《に》げることも難《むずか》しくなります。かりにすぐ死んでしまうことはないとしても、体に傷《きず》がつき、自由に動けなくなって、えさをうまく探《さが》し回《まわ》れなくなれば、しだいに弱っていってしまいます。

ウミガメでは、体についた傷《きず》で皮膚《ひふ》の病気になったり、ひれがくさったり切断されてしまったりした例が報告されています。口をじゅうぶんに開けられなくなったサメもいます。捨《す》てられて海底にしずんだ網《あみ》にからまったカニやタコ、魚などは、自由に体を動かせなくなったストレス、体についた傷《きず》、そしてえさを食べられなくなったことなどが原因で死んでいきます。

こうしたことは、浅い海だけでおきているのではありません。水深が何千メートルもあるような深海の底でも、生き物たちが苦しめられています。

海の生き物たちがプラスチックごみを食べてしまうことも、大きな問題です。

硬《かた》いプラスチックで内臓《ないぞう》を傷《きず》つけてしまったり、プラスチックでおなかがいっぱいになってしまって栄養不足になってしまったりします。

海鳥やウミガメなどがプラスチックを食べていることは、1970年ごろからさかんに報告されるようになりました。プラスチックが世界で大量に使われるようになったのは1950年代からですから、それからまもなくのことです。たとえばクジラドリという海鳥を1950年代の末に調査したときは、プラスチックごみを食べた例はみつかりませんでしたが、それからあとに食べてしまった例が増えてきました。

海の生き物がプラスチックごみを食べるのは、えさとまちがえてしまうからです。ある特別なものしか食べない生き物より、なんでもえさにする雑食性の生き物が、プラスチックごみを食べてしまいやすいようです。

ウミガメは、海にただようレジ袋《ぶくろ》を、えさのクラゲとまちがえて食べてしまいます。レジ袋《ぶくろ》はもちろんプラスチックです。クラゲをとりにくい冬になると、こうしたプラスチックごみを食べてしまうことが増えると考えられています。

クジラには、大きく分けると、歯を持っている「ハクジラ」と、歯ではなく上あごにブラシのようなひげがびっしり生えている「ヒゲクジラ」の2種類がいます。ハクジラは、えさになる獲物《えもの》をねらってつかまえるのですが、ヒゲクジラは、たくさんの海水を口に入れ、はき出しながら、ひげにひっかかった獲物《えもの》をえさにします。

したがって、ヒゲクジラのほうがまちがえてプラスチックごみを飲みこみやすいとも考えられていますが、これまでの報告を調べてみたところ、ヒゲクジラの54%、ハクジラの62%がプラスチックを飲みこんでいたようだという研究結果もあります。プラスチックを食べてしまうのは、ヒゲクジラにかぎったことではありません。この本の最初で、たくさんのプラスチックの袋《ふくろ》を飲みこんでしまったクジラのお話をしましたが、これは、けっしてめずらしいできごとではないということです。

オランダの海岸近くに浮《う》いていた発泡《はっぽう》スチロールを調べていた研究者は、そのうちの8割《わり》くらいに、鳥がつついたあとをみつけました。イカの骨《ほね》などのえさとまちがえてしまったようです。

## プラスチックでおなかがいっぱいに

海の生き物たちが飲みこんだプラスチックごみは、内臓《ないぞう》を傷《きず》つけてしまうことがあります。

プラスチックのストローを飲みこみ、胃にあながあいてしまったマゼランペンギンの例が報告されています。鳥の場合は、飲みこんだプラスチックごみの多くは胃でみつかるのですが、ウミガメの場合は、胃を通って腸まで達することも多いようです。腸が傷《きず》つき、うまくはたらかなくなってしまうことが心配です。体重4・5トンの死んだマッコウクジラの胃から7・6キログラムのプラスチックごみがみつかった例もあります。このごみが胃を傷《きず》つけてしまったことが、死んだ原因だと考えられています。

このように体をじかに傷《きず》つけることがなくても、プラスチックごみを飲みこんだ生き物は、しだいに弱っていってしまうことがあります。

コアホウドリの巣が集まっている場所で行った研究では、ほぼすべてのひなの胃からプラスチックごみがみつかりました。ウミガメがプラスチックの袋《ふくろ》などを食べてしまうのも、ごくふつうに起きていることです。栄養分や水分をじゅうぶんに吸収《きゅうしゅう》できなくなっている可能性があります。

生き物がプラスチックごみを食べてしまうと、それでおなかがいっぱいになってしまって、きちんとしたえさを探《さが》さなくなる可能性があります。えさは胃から腸へと消化されていくのですが、プラスチックごみが、その動きをじゃましてしまうかもしれません。腸の内側にプラスチックごみがはりつけば、栄養の吸収《きゅうしゅう》がさまたげられることも考えられます。プラスチックごみを食べた生き物は、こうして弱っていくとみられています。

その一方で、たくさんプラスチックのごみを食べた生き物が死んだとしても、プラスチックを食べたことが原因で死んだのかどうかが、はっきりわからない場合も多くあります。病気が原因で死んだのに、たまたまプラスチックごみも食べていたというだけかもしれません。そのため、「プラスチックごみを食べたことが原因で海の生き物が死んだ」と結論《けつろん》づけている研究は、そう多くはありません。

きちんと原因がわからないと、研究成果として公表されにくいからです。

ですが、これは逆に、研究の結果としてわかっているより多くの生き物たちが、じつはプラスチックごみが原因で傷《きず》つき、死んでいるかもしれないともいえます。

## 小さなごみ「マイクロプラスチック」

プラスチックのごみには、いろいろな大きさのものがあります。プラスチックでできた船も、捨《す》てられてしまえば大きなごみですし、レジ袋《ぶくろ》やストローのように、もともと小さめのプラスチックごみもあります。

最近、もっと小さなプラスチックごみが注目されています。大きさが5ミリメートルより小さい、とても小さなプラスチックごみです。これには「マイクロプラスチック」という名前がつけられています。「マイクロ」というのは英語で「とても小さい」という意味です。

マイクロプラスチックのなかには、もともと小さなものもあるし、もとは大きかったのに、くだけて小さくなったものもあります。大きな発泡《はっぽう》スチロールのかたまりなら、海に浮《う》いていればプラスチックごみだとわかりますが、マイクロプラスチックは小さくてよく目に見えないので、ちょっと見るときれいな海にも、たくさんのマイクロプラスチックがただよっているかもしれません。

マイクロプラスチックは、小さな魚がえさにする動物プランクトンと似た大きさなので、小魚が食べてしまいます。その小魚をもっと大きな魚が食べ、その魚をアザラシなどの大きな動物が食べる。マイクロプラスチックは、こんな具合に、さまざまな生き物の体内に広まっている可能性があります。

このマイクロプラスチックについては、あとでもっとくわしくお話しします。

これまでに、プラスチックごみについて、いろいろと説明してきました。さきに進むまえに、このへんで、「プラスチックとは何か」というお話をしておきましょう。

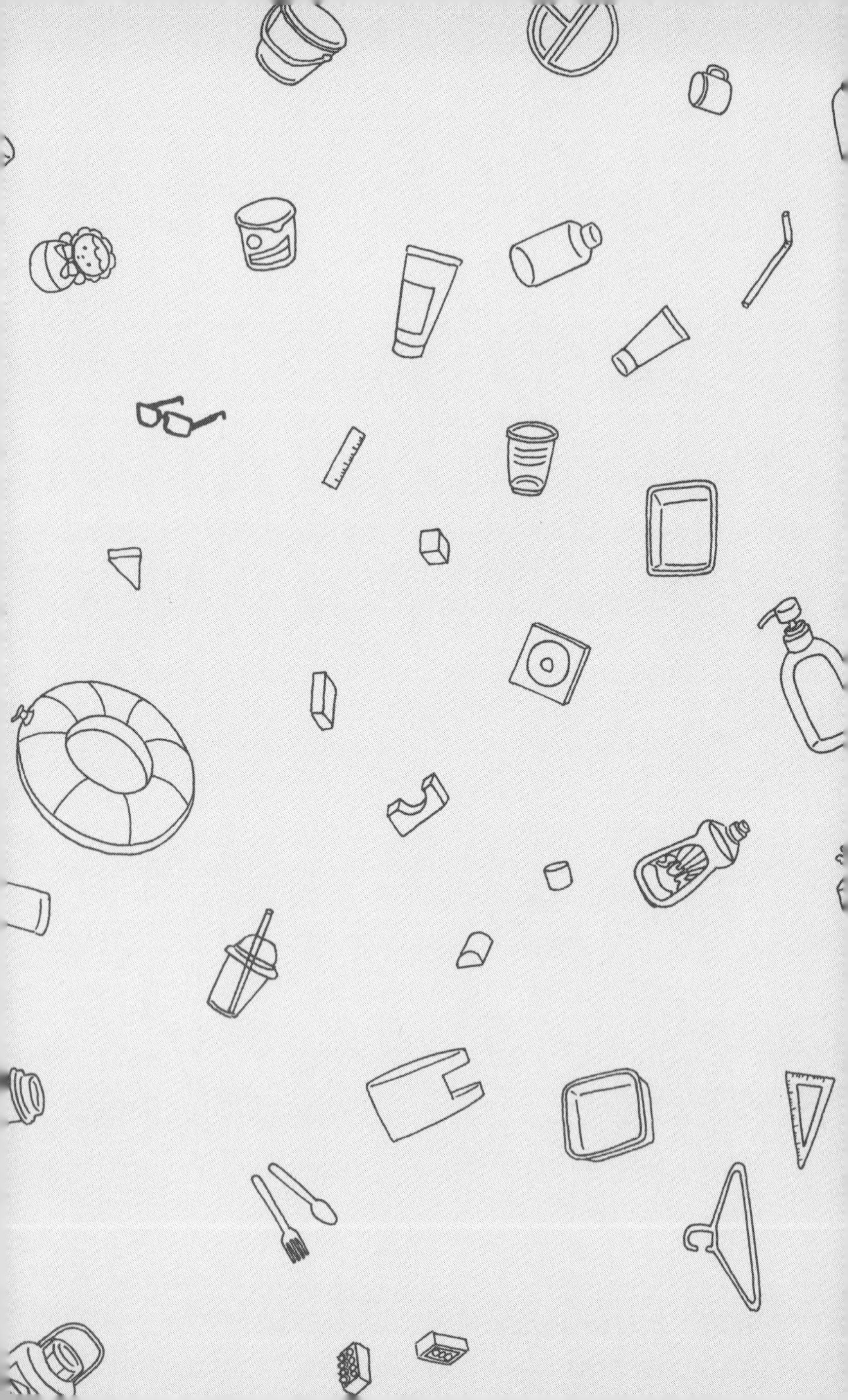

# 2
# プラスチックはなくならない
## 自然にかえらず、残り続ける

## プラスチックは人間が作りだしたもの

みなさんは、プラスチックということばを知っていると思います。ボールペンやシャープペン、ふでばこ、ペットボトル、そのほか身の回りにあるさまざまなものがプラスチックでできています。木や紙、金属、ガラスなど以外のほとんどのものがプラスチックでできているといってもよいくらいです。

では、プラスチックとは、いったいどのような物質なのでしょうか。それをこれからお話ししていきます。使い終わったプラスチックがごみとなって海に流れこんだとき、なぜいつまでも海を汚《よご》しつづけるのかも、よくわかるようになるはずです。

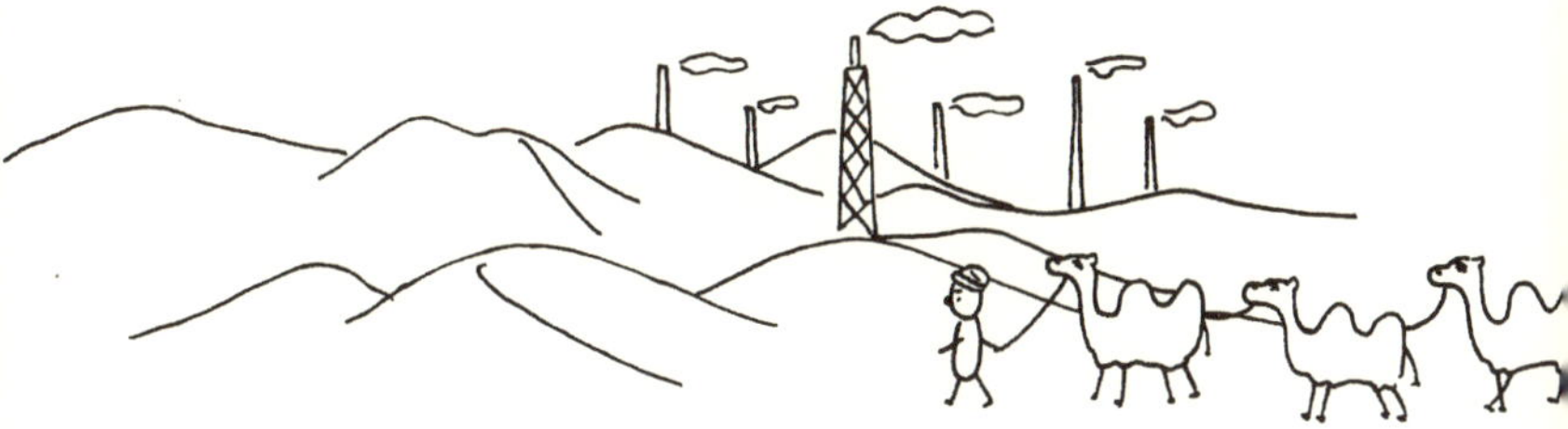

プラスチックはおもに
石油からできている

「プラスチック」は、もとは英語で「いろいろな形にできる」という意味です。パンを作るとき小麦粉に水を加えてこねれば、こねるたびに形が変わります。粘《ねん》土《ど》で、人形や乗り物など好きな形を作ったこともあるでしょう。これらも「プラスチック」の性質をもっていることになります。

ですが、いまプラスチックといえば、おもに石油から作られている人工的な物質を指します。小麦粉や粘《ねん》土《ど》のように、自然から得られる物質を指すことはありません。人間が作りだした、いろいろな形を作ることができる便利な物質。それがプラスチックなのです。

## プラスチックが「合成樹脂《じゅし》」とよばれるわけ

プラスチックは「合成樹脂《じゅし》」とよばれることもあります。ここでいう「合成」は、自然にはないものを人間が作ったという意味です。「樹脂《じゅし》」というのは、木のあぶらのことです。

プロ野球を見ていると、ピッチャーがときどき地面に置いた小さな袋をつまみあげて、中に入った白い粉を、ボールを投げる手につけています。この袋《ふくろ》は「ロジンバッグ」といって、この白い粉には「松やに」がふくまれています。

松やには、松の幹からとれる、木のあぶらです。松の幹をよく見ると、傷《きず》ついた部分から茶色いねばり気のある液体のようなものが流れでていることがあります。これが松やにです。わたしたちの身の回りの温度では、固まっていることもあります。この松やにが、代表的な樹脂《じゅし》です。

松やにには、ものをすべりにくくするはたらきがあります。だから、ロジンバッグに使われるのです。このほか、バイオリンなどの弦楽器《げんがっき》をひくとき、弓の毛にも松やにをぬります。弓の毛は馬のしっぽの毛でできているのですが、そのままだと、弦《げん》の上をつるつるすべって、音が出ません。弓の毛に専用《せんよう》の松やにをぬるとすべりにくくなって、きちんと弦《げん》を振動《しんどう》させて音が出るようになるのです。

カブトムシやクワガタは、クヌギやコナラなどの木からにじみでる樹液《じゅえき》に集まってきます。この樹液も樹脂《じゅし》の一種です。

これらは自然に生まれた樹脂《じゅし》なので、「天然樹脂《じゅし》」とよばれています。最初に作られたプラスチックは透明《とうめい》で茶色っぽく、松やにに似ていました。そのため、プラスチックは、人間が作った松やにのような樹脂《じゅし》という意味で、合成樹脂《じゅし》とよばれるようになったのです。

## プラスチックは熱を加えると軟《やわ》らかくなる

100円、200円くらいで売られているボールペンの軸《じく》は、たいていプラスチックでできています。さまざまな形や色の軸《じく》を作ることができます。硬《かた》くて割《わ》れにくく、インクが出なくなったら中の芯《しん》だけを取りかえればよいので、とても便利です。

このボールペンの軸《じく》は、ふつうに使っているぶんには丈夫《じょうぶ》なのですが、弱点もあります。熱を加えると形が変わってしまうのです。プラスチックがもつこの性質を「熱可塑性《ねつかそせい》」といいます。

「熱可塑性《ねつかそせい》」なんて、ちょっとむずかしいことばですね。「塑性《そせい》」というのは、力などを加えて、ある程度をこえて形を変形させてしまうと、もとの形にもどらなくなる性質のことです。粘土《ねんど》に手で力を加えて形を作ると、手をはなしても、その形はそのまま残っています。つまり、粘土《ねんど》にも塑性《そせい》があるのです。

粘土《ねんど》とプラスチックの違《ちが》いは「熱」です。プラスチックの場合は、熱を加えると軟《やわ》らかくなってグニャリと形が変わり、冷ますとその形がそのまま残ります。「熱可塑性《ねつかそせい》」というのは、このように熱を加えるとやわらかくなる性質のことなのです。この性質をもつプラスチックを「熱可塑性樹脂《ねつかそせいじゅし》」といいます。

## 熱で硬《かた》くなるプラスチックも、じつはある

ちょっとややこしいのですが、じつは、熱を加えると硬《かた》くなるプラスチックもあります。食器などによく使われる「メラミン樹脂《じゅし》」というプラスチックが、その例です。このようなプラスチックは、いまお話しした「熱可塑性樹脂《ねつかそせいじゅし》」に対して、「熱硬化性樹脂《ねつこうかせいじゅし》」といいます。熱で硬《かた》くなる樹脂《じゅし》という意味です。いちど硬《かた》くなると、もう軟《やわ》らかくなることはありません。

まえにお話ししたように、もともとプラスチックというのは、自由に形を変えることができるという意味です。ですから、熱を加えるとなんども軟《やわ》らかくなって形が変わる「熱可塑性樹脂《ねつかそせいじゅし》」は、まさにプラスチックなのですが、いちど固まるともう形が変わらない「熱硬化性樹脂《ねつこうかせいじゅし》」は、ほんとうは「プラスチック」とはい

| | グニャ グニャ | カチコチ |
|---|---|---|
| |  |  |
| | 熱可塑性樹脂《ねっかそせいじゅし》 | 熱硬化性樹脂《ねっこうかせいじゅし》 |
| 特徴 | 熱すると溶け、冷えると硬《かた》くなる | 熱すると硬《かた》くなる |
| リサイクル | 可 | 不可 |
| メリット | 安価で加工しやすい | 耐熱性《たいねっせい》<br>耐薬品性 |
| デメリット | 耐熱性低い | コスト高い<br>衝撃《しょうげき》に弱い（もろい） |
| 主な種類 | アクリル樹脂<br>高い透明性《とうめいせい》<br>・乗物の窓など <br>ポリエチレン<br>水より軽い <br>・食品用ラップ<br>シャンプー用品など  | メラミン樹脂<br>きずがつきにくい<br>光沢がある<br>・プラスチック食器など<br> |

えないのかもしれませんね。

ですが、実際には、この両方を合わせて「プラスチック」とよんでいます。見た目はほとんど違《ちが》わないので、わたしたちには区別しにくいのも、その理由のひとつでしょう。人間が作りだした松やにのような物質、つまり合成樹脂《じゅし》を指してプラスチックとよぶようになっているのです。

## あらゆる物質は「原子」と「分子」でできている

プラスチックは、そもそも何でできているのでしょうか。それをこれからお話ししていきます。ここが、ごみとして捨《す》てられたプラスチックがどうなっていくのかを考えるときの、大切なポイントになります。

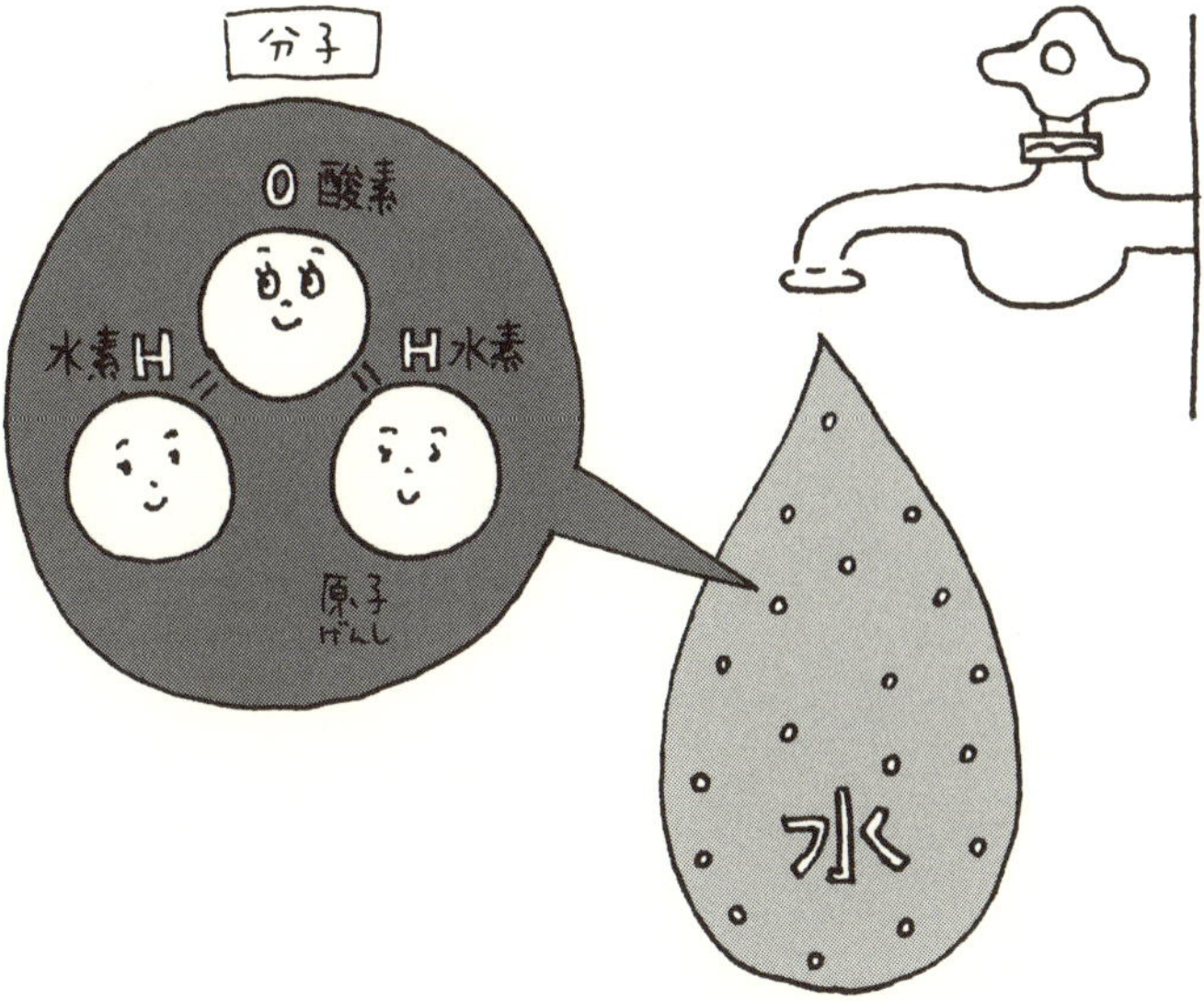


まず、みなさんのまわりにあるものを小さく小さく分けていくと、どのようなものになるのかをお話ししておきます。

たとえば水です。水道の蛇口《じゃぐち》をひねると、液体の水が出てきます。この水は、じつは粒《つぶ》でできているといったら、おどろくでしょうか。ですが、これはほんとうの話です。水は、1ミリメートルの100万分の1の、そのまた3分の1くらいの小さな粒《つぶ》でできています。わたしたちの目で見ることはできませんし、虫めがねやふつうの顕《けん》微《び》鏡《きょう》でも見ることのできないほどの小さな粒《つぶ》です。

これは、水だけの話ではありません。木も紙もみなさんの体も、そしてプラスチックも、それぞれ粒《つぶ》の集まりでできています。物質を細かく分けていったとき、これ以上は分けられなくなった小さな粒《つぶ》のことを「分子」といいます。

では、分子は何でできているのでしょうか。いま、これ以上は分けられない小さな粒《つぶ》が分子だとお話ししましたが、ほんとうは、分子は、さらに小さな「原子」という粒《つぶ》でできています。

もういちど、水の例でお話ししましょう。液体の水は、水の「分子」が集まってできています。分子はとても小さいのですが、それでもこれは「水」なのです。この水の分子は、「酸素」という原子が1個と「水素」という原子が2個の、合計3個の原子でできています。水の分子をさらに分けて原子にしてしまうと、それはもう「水」ではなく、「酸素」と「水素」になってしまうのです。

つまり、水としての性質をもっているいちばん小さな粒《つぶ》が「分子」で、もっと小さく分けろといわれれば、もう水としての性質はもっていないけれど、最後には「原子」にまで分けられるということです。

## 分子の集まり方で物質の性質が変わる

液体の水は、冷やすと0度で固まって固体の「氷」になり、火にかけて100度になると、すべて気体の「水蒸気《すいじょうき》」になってしまいます。液体の水と氷、そして目には見えない空気中の水蒸気《すいじょうき》はまったく別物のようですが、いずれも「水」です。なぜなら、すべて水の分子でできているからです。違《ちが》うのは、分子の集まり方です。

液体の水では、水の分子がぎっしりととなりあって集まっています。ちょうど、バスにたくさんの人が乗って満員になっているような状態《じょうたい》です。ですが、このバスでは、まだ乗客は動くことができます。おりる人がいれば、ゆずりあって通してあげますよね。これが水の液体の状態《じょうたい》です。だから、液体の水は自由に形を変えることができるのです。

もし、となりあったバスの乗客が手をつなぎあったら、もう動きまわることはできなくなります。これが氷の状態《じょうたい》です。水の分子が結びつきあって動けなくなった状態《じょうたい》。動けないのですから、形が変わることもできません。それが硬《かた》い氷の状態《じょうたい》です。

気体の水、つまり水蒸気《すいじょうき》は、がらがらにすいているバスです。水の分子は、すきなところに飛んで行けます。水は、固体の氷、液体の水、水蒸気《すいじょうき》となるにしたがって、分子どうしが自由に動けるようになっていくわけです。

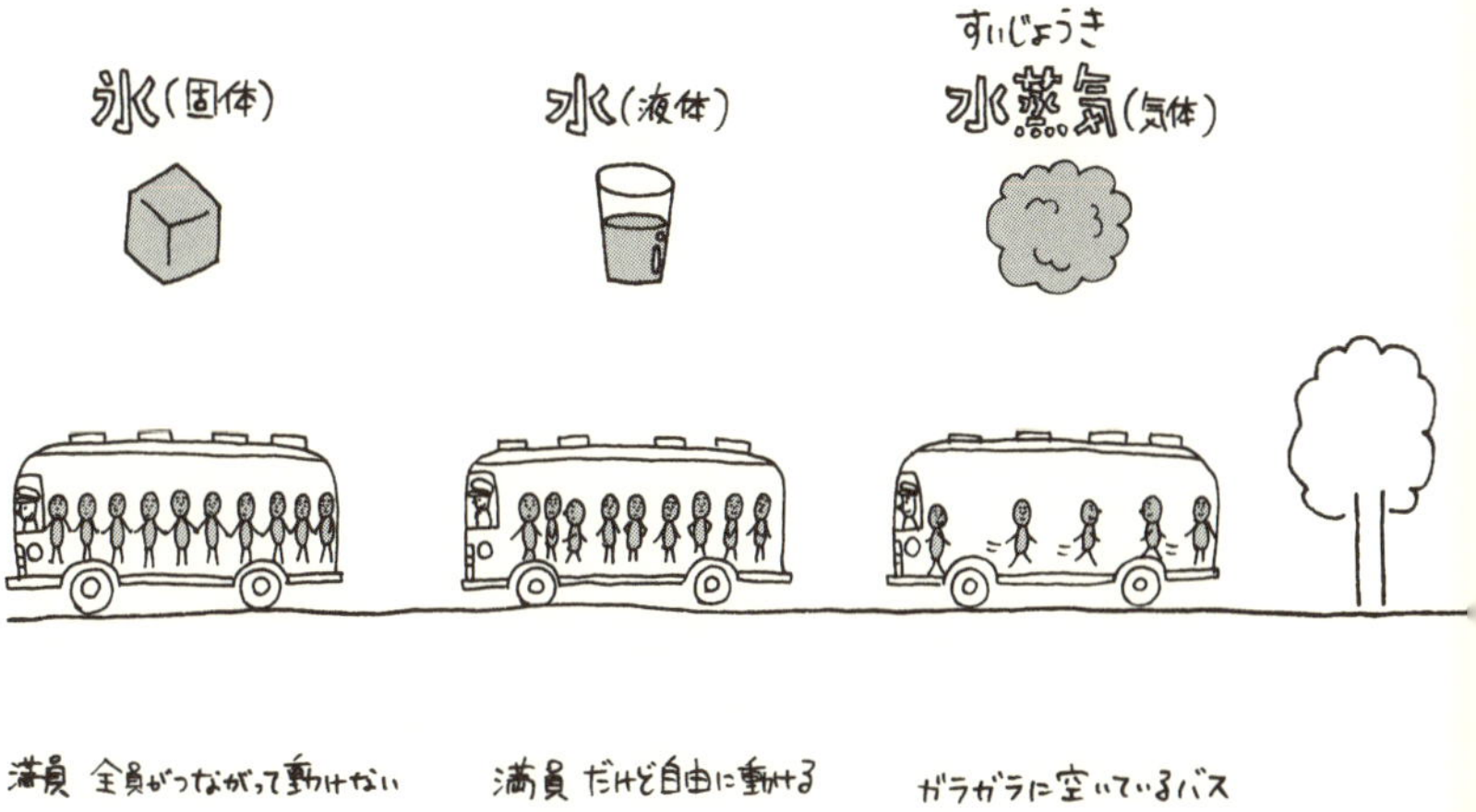


分子の集まり方で、水は形を変える

よく「水は１００度で水蒸気《すいじょうき》になる」といわれますが、これは、「水は１００度にならなければ水蒸気《すいじょうき》にならない」という意味ではありません。コップに入れておいた水は、しばらくすると減っています。これは、液体の水の表面から、水の分子が水蒸気《すいじょうき》になって飛び出していっているからです。それに、ふつうの部屋の温度でも、部屋の空気のなかには水蒸気《すいじょうき》がふくまれています。「水は１００度で水蒸気《すいじょうき》になる」というのは、水は１００度以上になると、液体の状態《じょうたい》ではいられなくなって、すべて気体の水蒸気《すいじょうき》になってしまうという意味です。

## ひものような形をしたプラスチックの分子

プラスチックの場合も、水と似ています。硬《かた》い固体だったプラスチックに熱を加えると、軟《やわ》らかくなってぐにゃりと変形してしまうことがあります。これは、硬《かた》くて形が変わらなかった氷が解けて、液体の水の状態《じょうたい》に近づいたような感じです。分子の集まり方が変化して、となりどうし動けなかった分子が、たがいにずれることができるようになったのです。

では、プラスチックの「分子」や「原子」は、どのようなものなのでしょうか。

プラスチックには、いろいろな種類があります。ここではまず、レジ袋《ぶくろ》やバケツ、洗面器《せんめんき》、食品を包むラップフィルムなどに広く使われている「ポリエチレン」

を考えてみましょう。

ポリエチレンは、「ポリ」と「エチレン」がくっついてできたことばです。「ポリ」は「たくさん」という意味です。ですから、ポリエチレンは、「エチレン」がたくさんくっついたもの」という意味なのです。あとでまたくわしくお話ししますが、古くなったプラスチックがこわれやすくなるのは、この「たくさんくっついた」状態《じょうたい》がこわれてしまうからです。プラスチックのごみについて考えるためには、ここが大切なところです。

エチレンは、「炭素」という原子が2個と、「水素」という原子が4個くっついてできた分子です。それぞれの炭素原子に、2個ずつの水素原子がくっついています。ポリエチレンは、このエチレンがたくさんつながった「ひも」のような構造になっています。あるいは、金属のチェーンを思いうかべるとよいかもしれません。金属の輪がたくさんつながって長くなっていますね。ひとつひとつの輪が

エチレン分子がたくさんつながって、
ひものようなポリエチレン分子となる

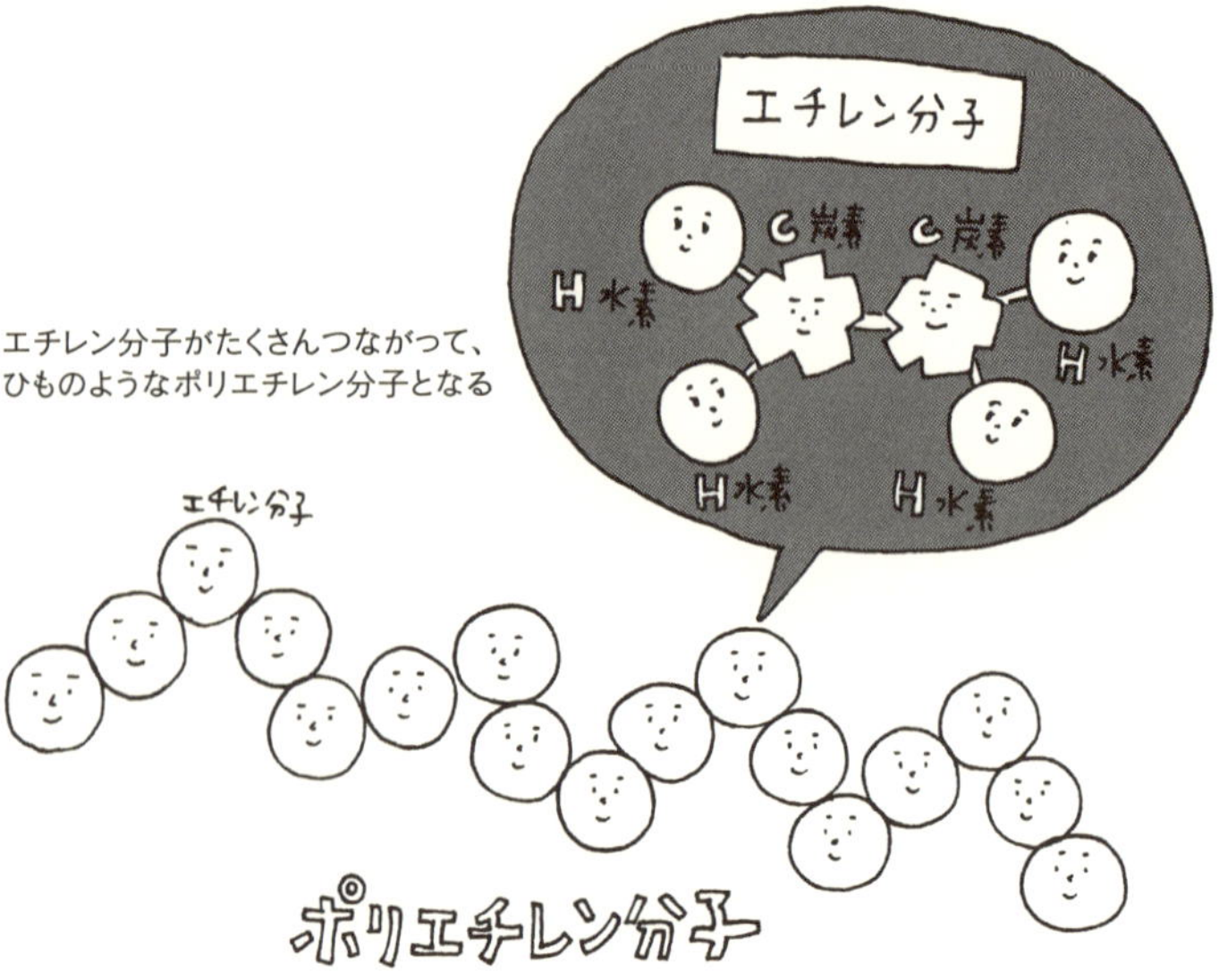


エチレンの分子で、それがつながって長くなったチェーンがポリエチレンの分子です。

こうして、エチレンが数百個から数万個以上もつながって、ひとつのポリエチレン分子ができています。たくさんの原子がくっついてできた大きな分子のことを「高分子」とよびます。高分子は、プラスチックだけではなく、わたしたちの体を作っているタンパク質、食べ物にふくまれているデンプンなども、大きな分子でできた高分子です。

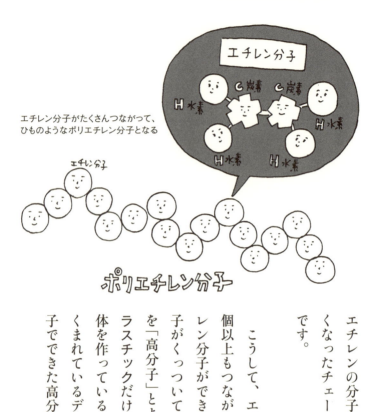

エチレンがたくさんつながると強いポリエチレンになりますが、そのぶん、好きな形を作るのがむずかしくなります。ですから、使い道によって適切なポリエチレンを使い分けています。このように、さまざまな性質をもった材料を作れることが、プラスチックのおおきな特長です。

## ポリエチレン分子が集まってプラスチックになる

ポリエチレンの分子は、エチレンの分子がたくさんつながって長くなったものです。そのポリエチレン分子がたくさん集まると、おなじみのプラスチックができあがります。

「ポリエチレン分子が集まる」といっても、その様子はちょっと想像しにくいかもしれません。まったくの別物ですが、そのイメージに近いものがあります。スーパーマーケットなどで売っているインスタントラーメンです。

ゆでる前のめんを見てみると、1本1本の長いめんが、おたがいにからみあっています。からみあって、硬《かた》いめんのかたまりになっています。ポリエチレンとの比較《ひかく》でいえば、1本1本の細長いめんが、1個のポリエチレン分子です。硬《かた》いめんのかたまりがプラスチックです。ポリエチレン製のレジ袋《ぶくろ》もバケツも、無数のポリエチレン分子がこのように集まってできています。

ポリエチレン分子の集まり方によって、できあがるプラスチックの性質が違《ちが》います。分子がならぶようにして集まると不透明《ふとうめい》になり、ごちゃごちゃに集まると透明《とうめい》な感じになります。

## もとの分子が違《ちが》えば別のプラスチックができる

エチレンという分子が長くひものようにつながってポリエチレン分子になることは、さきほどお話ししました。エチレンではない別の分子を使うと、できあがるプラスチックの性質も違《ちが》ってきます。

エチレンの代わりにプロピレンという分子を長くつなげていくと、ポリプロピレンという分子ができます。ポリプロピレンでできたプラスチックは、ポリエチレンに比べると硬《かた》くてじょうぶです。使いすてのプラスチック製ストローの使用をやめるお話を「はじめに」でしましたが、ストローに使われるプラスチックの多くは、このポリプロピレンです。食べ物などを保存《ほぞん》しておくふたつきの容器では、硬《かた》い本体をポリプロピレンで作り、ふたはそれより軟《やわ》らかいポリエチレンで作って、本体にふたをはめやすくするような工夫もできます。このように、目的に合ったものを作りやすいのが、プラスチックのよいところです。

ポリエチレンやポリプロピレンの水素原子の部分をほかの原子や分子で置きかえると、また違《ちが》った性質のプラスチックができます。こうして作った「ポリ酢酸《さくさん》ビニール」というプラスチックは、チューインガムの原料としても使われています。

硬《かた》くて透明《とうめい》なポリスチレンというプラスチックも、身の回りにたくさんあります。CDやDVDのケースは、このポリスチレンでできています。あの白い発泡《はっぽう》スチロールの材料もポリスチレンです。発泡《はっぽう》スチロールの中はすきまだらけなので、衝撃《しょうげき》に強く、熱もあまり通しません。こわれやすいものを支えて保護したり、スーパーマーケットなどで食品を売るときの皿として使われたりしています。

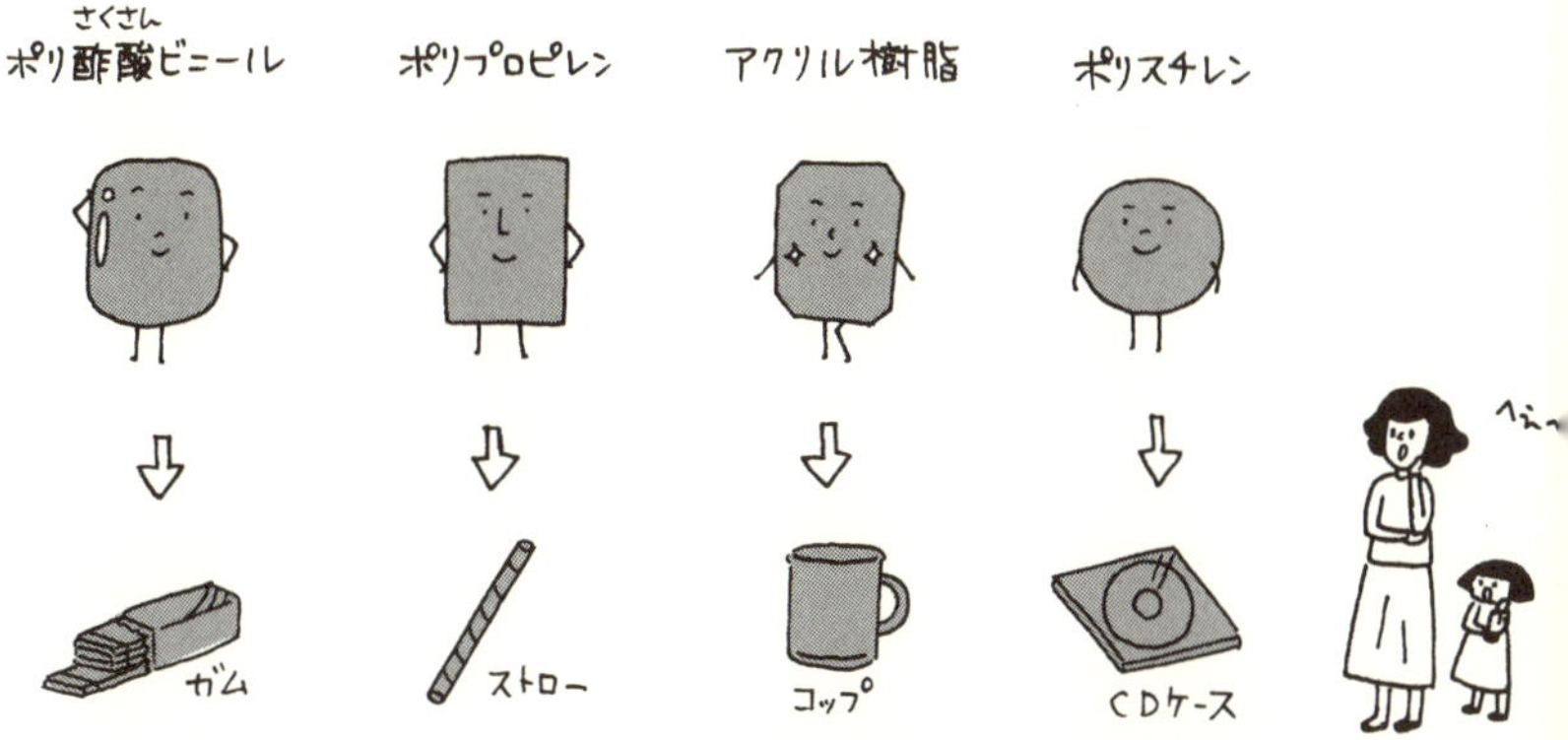


プラスチックは、作り方によってさまざまな種類がある。それぞれの性質に合わせて使い道がちがう

このほか、EVA樹脂《じゅし》、ABS樹脂《じゅし》、塩化ビニール、アクリル樹脂《じゅし》など、さまざまなプラスチックがあります。ものを包むのに使われる「ビニール」は塩化ビニールのことですし、革《かわ》のように見えるバッグにも、よくこの塩化ビニールが使われます。アクリル樹脂《じゅし》はとても透明《とうめい》で、まるでガラスのようです。見た目がまるでガラスのようなアクリル樹脂《じゅし》製のコップもあります。

このように、ひとくちにプラスチックといっても、さまざまな種類があります。プラスチックの原料が違《ちが》う場合もありますし、プラスチックを作るときに、たとえば軟《やわ》らかくする薬剤《やくざい》をまぜると、新しい性質のプラスチックができあがります。

この本では、プラスチックがごみとなって海を汚《よご》しているお話をしていますが、プラスチックは、このようにとても便利なものでもあります。だからこそ、わたしたちの身の回りにたくさんあるのです。当然のことながら、ふだんの生活で不要になったものをどんどん捨《す》てれば、そこにはたくさんのプラスチックがふくまれていることになるわけです。

プラスチックごみで地球を汚《よご》さないためには、まず、わたしたちがたくさんのプラスチックを使っていることを知り、そして、使い終わったプラスチックは、ごみの出し方のルールにしたがってきちんと捨《す》てることが大切です。

## プラスチックと生き物の体の違《ちが》い

プラスチックの分子が、たくさんの原子がくっついてできた高分子であることは、さきほどお話ししました。木などの植物の体も、「セルロース」「リグニン」などの高分子でできています。

では、プラスチックの高分子と、セルロースやリグニンのように生き物の体を作っている高分子の大きな違《ちが》いは何でしょうか。それは、生き物の高分子は、たとえば土にうめたりして自然の状態《じょうたい》に置いておくと、やがて分解されてなくなってしまいますが、プラスチックは、いつまでもなくならないという点です。

ここで、生き物の体を作っている物質のことを、すこし考えてみましょう。

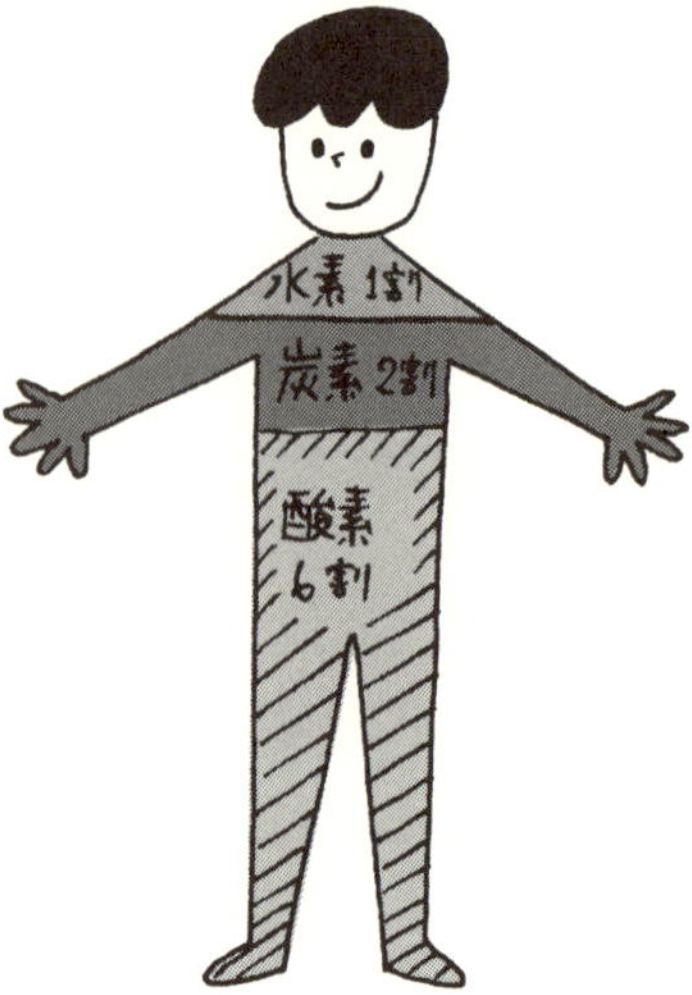


人間の体を作っている物質でいちばん多いのは「酸素」です。体重のおよそ6割《わり》が酸素です。つぎが「炭素」で、体重の2割《わり》くらい。そして1割《わり》ほどが「水素」です。

酸素が多いといっても、わたしたちが呼吸《こきゅう》をするときに使う酸素の気体が体にたくさん入っているのではなく、酸素の原子が、体にあるさまざまな物質を作る材料になっているという意味です。人間の体には水分が多くふくまれているので、さきほどお話ししたように、水の分子を作る酸素の原子もたくさんあるのです。

炭素は、生き物の体を作るのに大切なタンパク質の材料です。わたしたちの栄養分として欠かせないデンプンやブドウ糖《とう》も、炭素の原子が骨組《ほねぐ》みになってできています。この炭素の骨組《ほねぐ》みに、酸素や水素、そのほかの原子が結びついて、生き物の体に必要なさまざまな物質ができています。動物でも植物でも、基本はおなじです。

## 生き物の体は自然が作りあげ、自然が分解する

生き物の体を作るおもな物質は、もともと自然の中にあったものです。その出発点は、植物の「光合成」です。

植物には、根から吸《す》いあげた水と、葉に開いた「気孔《きこう》」という小さなあなから取りいれた二酸化炭素を使って、デンプンなどの栄養分を作りだす性質があります。これが「光合成」です。栄養分を作るためのエネルギーは、太陽の光です。そして、栄養分を作ったとき不要になった酸素を放出します。わたしたちが呼吸《こきゅう》で使う酸素は、こうして植物が作ってくれたものです。

植物が作った栄養分には、酸素、炭素、水素などの原子がふくまれています。植物を食べる草食動物は、植物が光合成で作ったこの栄養分で生きています。この草食動物を肉食動物が食べます。わたしたち人間は、植物も食べるし肉も食べる雑食動物ですね。いずれにしても、生き物の体を作っている酸素や炭素、水素などは、もとをたどれば、二酸化炭素や水など自然界にあった物質なのです。

そして、生き物が死ぬと、その体は二酸化炭素や水にかえっていきます。死んだ動物を土にうめておくと、しばらくたつとなくなってしまいます。目に見えないほど小さな「微生物《びせいぶつ》」が、生き物の体を作っていたタンパク質などを分解して、二酸化炭素や水などにもどしてしまうのです。つまり、生き物の場合は、自然の中にあった物質から出発して、けっきょく最後には、また自然の中の物質にもどるというしくみになっています。

地球は誕生《たんじょう》してから約46億年もたっています。岩のかたまりなどが衝突して集まってできた最初の地球は、熱くてとても生き物がすめる状態《じょうたい》ではありませんでした。それが、だんだん冷えて初めての生き物が誕生《たんじょう》し、それから、いろいろな生き物が登場したり滅《ほろ》んだりしました。もし、生き物が死んでも体がそのまま残っていたら、地球は生き物の死体だらけになってしまったはずです。そうならないよう、生き物の体は微生物《びせいぶつ》が分解して自然にかえしてくれます。地球上の生き物の世界には、とても長い時間をかけて、そうしたしくみができあがったのです。

## プラスチックは、自然にはなくならない

プラスチックの分子も、炭素の原子が骨組みを作り、そこに酸素や水素などの原子がくっついてできています。その点では、生き物の体を作っている分子とよく似ています。

しかし、まえにお話ししたように、プラスチックは石炭や石油を原料にして、わたしたち人間が作りだした、自然にはない物質です。それを分解してくれる微《び》生物《せいぶつ》はいません。ですから、プラスチックを土にうめておいても、分解されてやがてなくなるということはないのです。

もちろん、それがプラスチックの長所でもあります。たとえば、ガスをみんなの家庭に運ぶガス管。その多くは、プラスチックの一種であるポリエチレンでできています。土にうめても金属のようにさびて弱ることもないし、軽くて安くて丈夫《じょうぶ》です。もしポリエチレンのガス管が土の中の微生物《びせいぶつ》で分解されてしまったりしたら、たいへんなことになりますね。

ですが、この丈夫《じょうぶ》さが、プラスチックがごみとして出た場合のやっかいな点です。放っておけば、いつまでも残ってしまうのです。

プラスチックでできた製品は丈夫《じょうぶ》なのですが、いつまでも新品同様なわけではありません。植物を育てるプラスチックのプランターは、やがてもろくなって割《わ》れてしまいます。洗《せん》たくばさみも、古くなると折れてしまいます。

プラスチックは、ポリエチレンでもポリプロピレンでも、たくさんの炭素がいくつもつながって、ひものように長くなった「高分子」でできていることは、さきほどお話ししました。プラスチックのさまざまなすぐれた性質は、その分子がこのような高分子になっていることから生まれてきます。

ところが、このひものように長い高分子が切れて短くなってしまうことがあります。たとえばそれは、紫外線《しがいせん》があたったときです。

紫外線《しがいせん》は、太陽からくる光のなかにふくまれています。紫外線《しがいせん》にあたると、わたしたちの皮膚《ひふ》は赤くはれたり黒っぽく日焼けしたりします。このように、紫外《しがい》線《せん》には、あたったものに変化をあたえる強い性質があります。

紫外線《しがいせん》がプラスチックにあたると、ポリエチレンやポリプロピレンなどのひものような長い分子は、とちゅうで切れて短くなってしまいます。プラスチックは、長い分子がからみあってできているので、その分子が短くなると、プラスチックとしての丈夫《じょうぶ》な性質は失われてしまいます。その結果、ちょっと力を加えるところわれてしまうほど弱くなるのです。

プラスチックのごみを考えるときに大切なのは、こうしてプラスチックの容器や袋《ふくろ》が割《わ》れたり裂《さ》けたりして小さくなっても、けっしてなくならないことです。さきほどお話ししたように、生き物の体は、死ぬと、二酸化炭素や水のような、体の成分とは違《ちが》うものにまで完全に分解されます。ここまで分解されれば、もう「ごみ」ではありません。分解されて、ごみではなくなるのです。しかし、プラスチックは、どんなに小さくなってもプラスチックのままです。プラスチックの

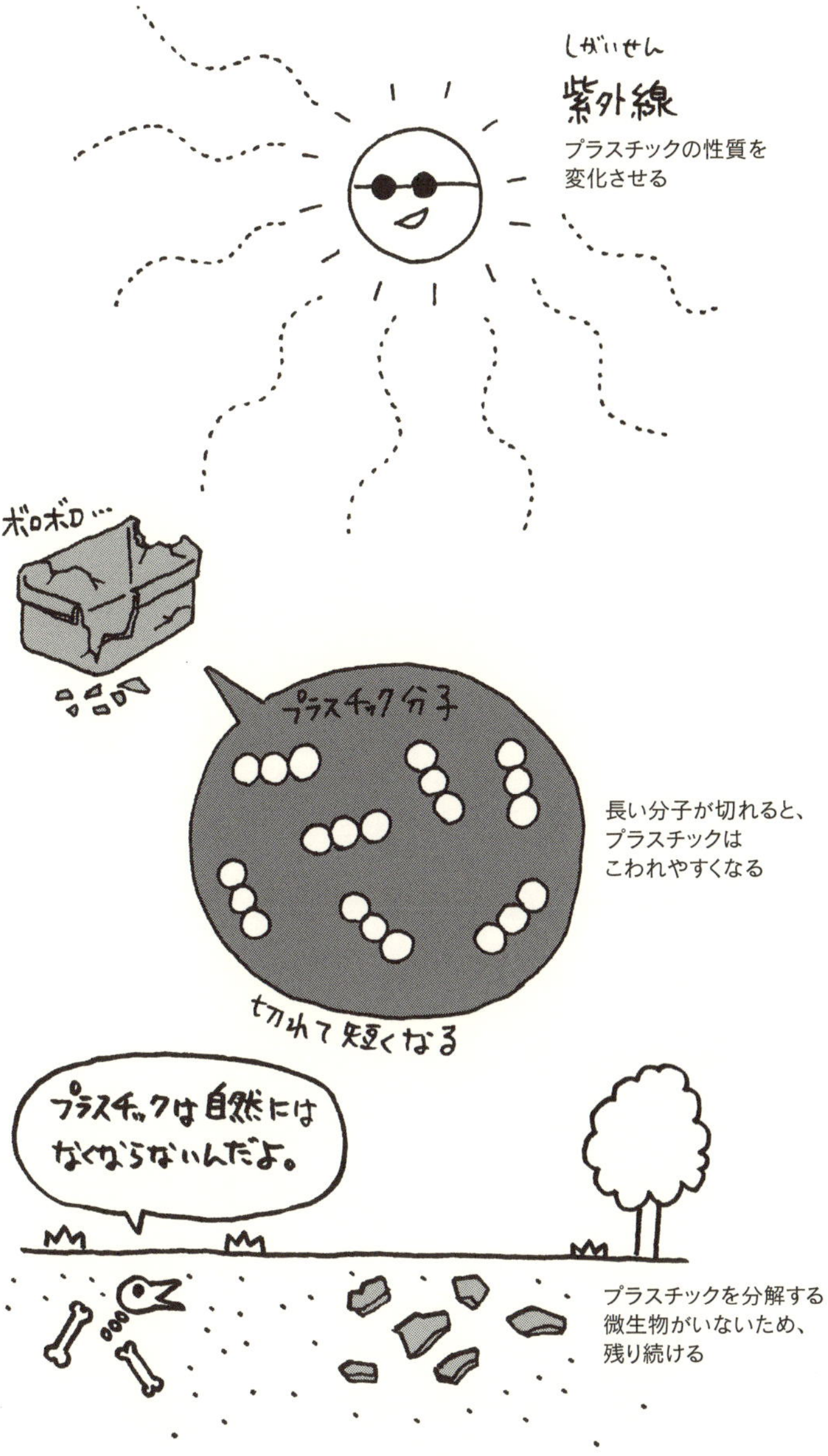
紫外線《しがいせん》
プラスチックの性質を
変化させる
ボロボロ…
プラスチック分子
長い分子が切れると、
プラスチックは
こわれやすくなる
切れて短くなる
プラスチックは自然には
なくならないんだよ。
プラスチックを分解する
微生物がいないため、
残り続ける

ごみは、自然になくなることはありません。

小さく割《わ》れてしまったプラスチックごみは、もう回収《かいしゅう》することがほとんど不可能です。だから「マイクロプラスチック」が、海を汚《よご》すプラスチックごみとして大きな問題になっているのです。まえにお話ししたように、マイクロプラスチックとは、大きさが5ミリメートルより小さいプラスチックごみのことです。これが、世界の海をただよっているとみられています。

最近、ニュースでマイクロプラスチックがよく話題になっています。つぎに、このマイクロプラスチックについてのお話をくわしくしていきましょう。

# 3

# 新たな大問題が起きている！

生態系をこわすマイクロプラスチック

## マイクロプラスチックが世界の海を汚《よご》す

「マイクロプラスチック」については、第1章ですこしお話ししました。ここで、さらにくわしく説明していきましょう。

マイクロプラスチックは、5ミリメートルより小さなプラスチックのかけらです。このマイクロプラスチックが、ごみとして世界の海に広がってしまっていることが問題になっています。マイクロプラスチックはとても小さいので、たとえば海岸で拾い集めて回収《かいしゅう》しようとしても、現実には不可能です。世界の海に広がっているのですから、その広い海の全体をきれいにそうじすることなど、やはりできません。

海で採取されたマイクロプラスチック。小さいマスの一辺は3ミリメートル

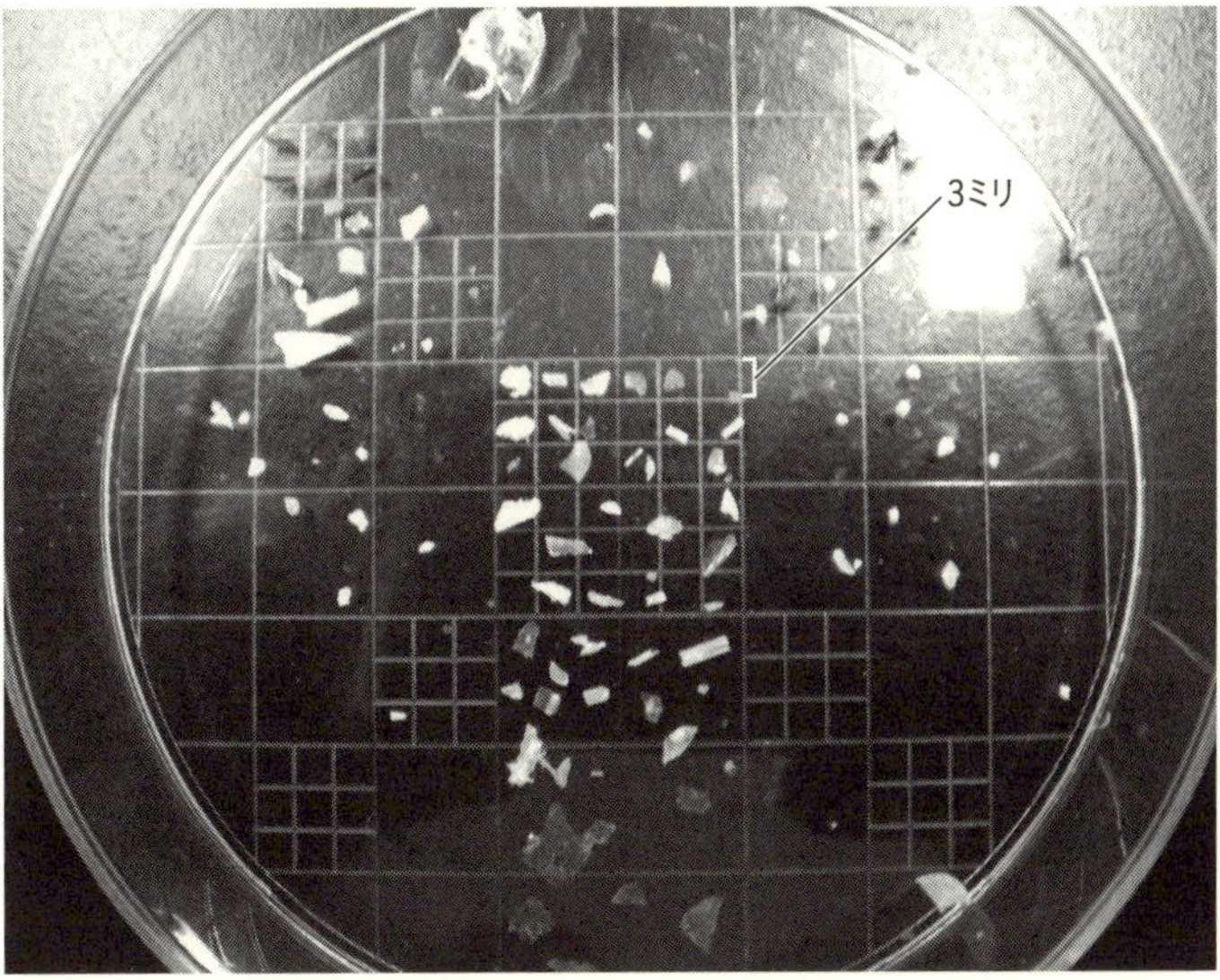


世界の海でいま確認《かくにん》されている程度のマイクロプラスチックの量だと、人間に直接の悪い影響《えいきょう》は出ないと考えられています。しかし、プラスチックの使用量は世界中で増えています。あとでお話ししますが、マイクロプラスチックのもとは、みなさんが使うプラスチック製品がごみとして捨《す》てられたものなので、ごみとしてのマイクロプラスチックの量は、これから増えていくのではないかと心配されています。

## 日本のまわりの海にはマイクロプラスチックが世界の27倍

マイクロプラスチックは、世界の海に広がっていると考えられています。日本周辺の海には、とくに多いようです。日本の海にただよっているマイクロプラスチックは、世界の海の27倍にもなっているという調査結果があります。

海水がふくむマイクロプラスチックの量を調べるには、船で海に出て、海におろした網《あみ》で集めるのが代表的な方法です。海面の近くをただよう小さなプランクトンや魚の卵《たまご》などを集める研究用の「ニューストンネット」という特殊《とくしゅ》な網《あみ》を使います。片方《かたほう》が大きく口を開けていて、大きな虫とり網《あみ》といった感じです。網《あみ》目の大きさは1ミリメートルよりも小さく、船を走らせながらこの網《あみ》を海におろすと、生き物やごみなどが海水といっしょに入ってきて、網《あみ》目より大きなものが袋《ふくろ》

小さなプランクトンなどをすくうための「ニューストンネット」で海にただようごみを集める

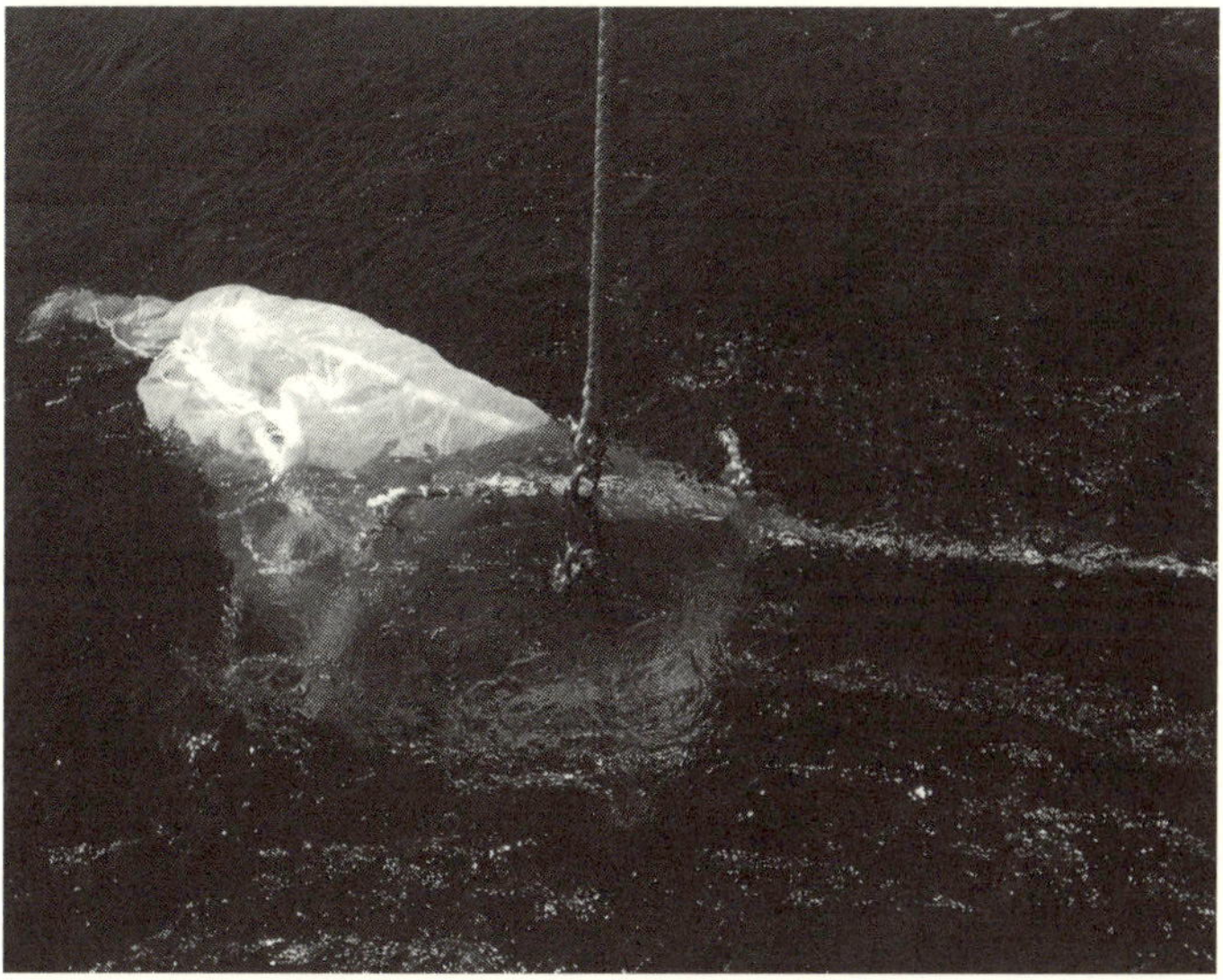

にたまります。

どのようなごみが集まったかをくわしく調べるには、このごみを大学などの研究室に持ち帰って、ひとつひとつ調べていかなければなりません。とても根気のいる作業です。

さきほど、日本の周辺では世界の海の27倍ものマイクロプラスチックがみつかったというお話をしました。これは、九州大学の磯《いそ》辺《べ》篤《あつ》彦《ひこ》教授らの調査であきらかになった事実です。この調査結果について、もうすこしくわしく説明しましょう。

この調査が行われたのは2014年の夏です。九州の南の海から北は本州と北海道のあいだの津軽海峡《つがるかいきょう》まで、日本海を中心に、2せきの船を使って56の海域《かいいき》で調査しました。

全体を平均すると、マイクロプラスチックは海水1立方メートルあたり3・7個でした。これは、瀬戸内海《せとないかい》の10倍、北太平洋の16倍、そして世界の海の27倍の数だといいます。これらは過去に行われた調査と比較《ひかく》したもので、それぞれの結果にはあいまいさもありますが、ともかく、日本周辺の海にはマイクロプラスチックがたくさんただよっていると考えてよいでしょう。

また、マイクロプラスチックは小さいほど数が多くなっていました。大きさが1ミリメートルのマイクロプラスチックは、5ミリメートルくらいのマイクロプラスチックの10倍くらいの数でした。プラスチックのかけらは、割《わ》れて小さくなれば数が増えるわけですから、これは当然のことなのかもしれません。

## 日本海のマイクロプラスチックの不思議

マイクロプラスチックのできかたについて、この調査で興味深いことがわかってきました。

日本海には、南から北に向かって「対馬海流《つしまかいりゅう》」という海流が流れています。海にただようプラスチックごみは、この海流に流されると考えられます。実際に、日本海の南部では大きめのプラスチックごみが多かったのですが、流れた先の北のほうでは、マイクロプラスチックの割合《わりあい》が増えていたのです。プラスチックはだんだんくだけて細かくなるので、これは当然の結果のようにもみえます。海流に流されながら小さくくだけ、マイクロプラスチックになったということなのでしょうか。

この点について、すこし不思議なことがあります。プラスチックを放っておいた場合、だんだん品質が悪くなって小さくくだけるようになるには半年くらいかかるという研究結果があります。ところが、対馬《つしま》海流は2～3カ月で日本海を走りぬけてしまいます。これでは、プラスチックがくだけるだけの時間がありません。

そこで出てくるのが、プラスチックごみはいちど海岸に打ち寄せられ、そこで時間をかけて小さなマイクロプラスチックになるのではないかという考え方です。この考え方については、あとでもういちど説明しましょう。

それと、もうひとつ不思議なのは、大きさが1ミリメートル前後より小さなプラスチックは数が少ないことです。さきほど、大きなマイクロプラスチックより小さなマイクロプラスチックのほうが数が多いというお話をしました。ところが、さらに小さくなった1ミリメートル以下のマイクロプラスチックは、かえって数が少なくなっていくのです。小さくくだければ個数は増えるはずです。不思議です。ほかの観測でも、おなじような結果がでています。

これがなぜなのかは、まだはっきりとわかっていません。もしかすると、とても小さなマイクロプラスチックは、海の表面近くではなく、かなり深いところに沈《しず》んでいるのかもしれません。大きなプラスチックごみは海面に浮《う》きやすいのですが、小さいと、海の小さな渦《うず》などに巻《ま》きこまれて浮《う》きあがれない可能性もあります。

もしそうだとすれば、多量のごく小さなマイクロプラスチックが、わたしたちの目にふれにくい海の深いところを、ごみとしてただよっていることになります。

## マイクロプラスチックができるしくみ

マイクロプラスチックは、もともともっと大きかったプラスチックがごみとして捨《す》てられ、それが細かくくだけてできたものです。ですが、海にたくさんただよっているマイクロプラスチックが、どれくらいの時間をかけて、どのようにして細かくなったのかは、じつはまだよくわかっていません。

さきほどお話しした九州大学の磯辺《いそべ》さんは、マイクロプラスチックができるしくみを、つぎのように考えています。

磯辺さんが瀬戸内海で調査したところ、大きさが数ミリメートルより大きなプラスチックごみは海岸に近い海に多かったのですが、それより小さなマイクロプラスチックは、海岸から10キロメートル、20キロメートル離《はな》れても、それほど減っていませんでした。つまり、小さなマイクロプラスチックは、海岸から遠くにまで広がっていたのです。

なぜそうなるのでしょうか。この点については、つぎのように考えることができます。

海では海岸に向けて波がやってきます。海に浮《う》いていたり、海面のすぐ下でただよっていたりするプラスチックごみは、波で海岸に打ち寄せられやすい状態《じょうたい》にあります。なぜなら、波にともなう水の動きは、海面に近い浅い部分ほど大きいからです。

大きなプラスチックごみは浮《う》きやすいので、海面や浅いところをただよっています。それに対し、小さなプラスチックごみは、海水の細かい渦《うず》などに巻《ま》きこま

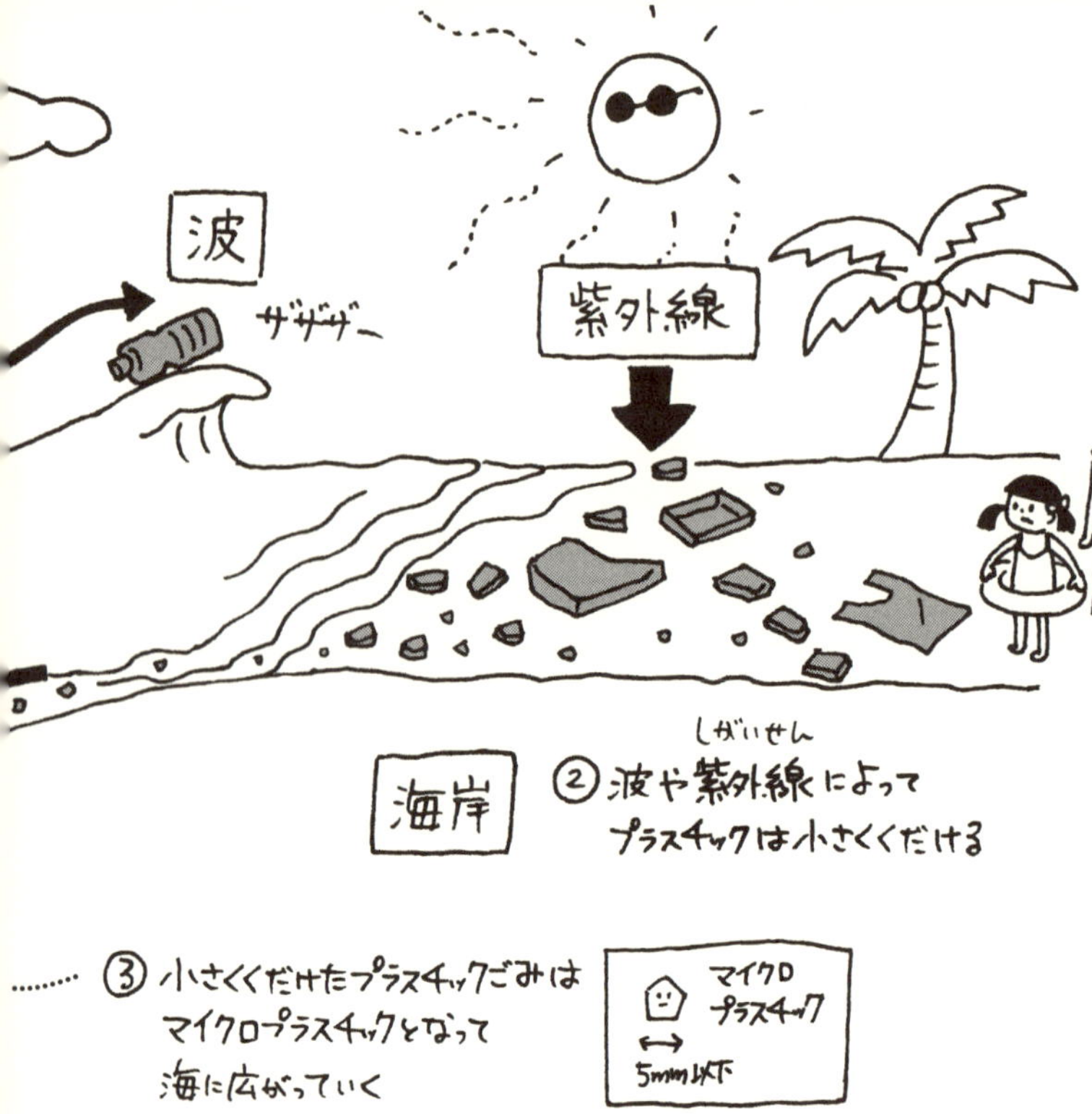
波
ザザザー
紫外線
海岸
② 波や紫外線《しがいせん》によって
プラスチックは小さくくだける
③ 小さくくだけたプラスチックごみは
マイクロプラスチックとなって
海に広がっていく
マイクロプラスチック
5mm以下

れて、けっこう深いところにまでもぐっていきやすい性質をもっています。したがって、マイクロプラスチックのように小さなごみより、あるていど大きなプラスチックごみのほうが、海岸に打ち上げられやすいのです。

　海岸の砂《すな》浜《はま》などに打ち上げられたプラスチックは、太陽からの強い紫外線《しがいせん》をあびたり、砂にもまれたりし

① 浮いている大きなプラスチックごみは
海岸におしあげられる
プカプカ
海
遠くに広がる
深くもぐる

て小さくだけていきます。

こうしてできたマイクロプラスチックは、なにかのひょうしに波にさらわれて、また海にもどっていきます。

さきほどお話ししたように、小さくなったプラスチックは、かならずしも海面の近くに集まっているとはかぎりません。海の深いところにもぐってしまえば、海岸に打ち寄せる波の影響《えいきょう》もあまり受けず、海岸から遠いところへも広がっていきます。

このように考えれば、実際の海を調査してえられたこれまでの結果と、よく合います。マイクロプラスチックがどのようにして世界の海に広がっていくのかは、まだじゅうぶんにわかっていませんが、これもひとつの考え方だということです。

## マイクロプラスチックは南極や北極にも

わたしたち人間は、プラスチックを大量に使っています。それがごみとなって海に流れこむので、人間がたくさん住んでいるところにはプラスチックごみが多いはずです。たしかにそうなっているのですが、では、人間がほとんど住んでいない遠い海には、プラスチックごみはないのでしょうか。そうではありません。マイクロプラスチックは、南極や北極の海でもみつかっています。

2016年に南極大陸からオーストラリア大陸にかけての海で行った調査によると、南極大陸近くの海には、1平方キロメートルあたり10万個ものマイクロプラスチックがただよっていました。日本の周辺や北太平洋などに比べると数はかなり少ないのですが、南極の海でもマイクロプラスチックがみつかったのです。

北極の海でも、マイクロプラスチックはみつかっています。南極には「南極大陸」とよばれる大きな陸地がありますが、北極には海が広がっています。冬にはほとんどの部分が氷でおおわれるこの北極海で、その海水から、そして氷からもマイクロプラスチックが確認《かくにん》されています。

アイルランドとイタリアの研究グループがヨーロッパに近い北極の海で2014年に行った調査によると、海面近くの水からも、すこし深い水深6メートルの水からも小さなプラスチックがみつかりました。その大きさは0・25〜7・71ミリメートルで、95%は繊維《せんい》状のプラスチックでした。そのほか、小さなかけらやフィルム状のプラスチックもありました。

北極海の氷からもマイクロプラスチックがみつかりました。2014年に米国と英国の研究グループが公表した調査結果によると、1立方メートルの氷に38個から234個ものマイクロプラスチックがふくまれていました。これは、北太平洋や北大西洋の海水からみつかったマイクロプラスチックより、はるかに多い量です。海面に浮《う》いている氷は、下へ下へと厚《あつ》くなっていきます。そのとき、水より軽くて浮《う》かんでいるプラスチックを、しっかりと取りこんでしまうらしいのです。

いま、地球温暖化《ちきゅうおんだんか》で気温が上がって、北極の氷は少なくなってきています。もし、このさきさらに氷が解けていけば、氷の中に長いあいだとじこめられていたマイクロプラスチックが、たくさん海水に出ていくかもしれません。北極の海にはプランクトンが多く、それをえさにする魚をふくめ、たくさんの生き物がくらしています。この生き物たちが、氷から解けだした大量のマイクロプラスチックをえさのプランクトンとまちがえて食べてしまう可能性があります。生き物への影響《えいきょう》を考えるうえでも、北極海のマイクロプラスチックは大きな問題です。

マイクロプラスチックは人工衛星や航空機から観測しても見えないので、海にどれくらい広がっているのかがひとめでわかるような調査はできません。ですから、地球の海全体にどのように広がっているかは正確にはわかりません。しかし、マイクロプラスチックは、このように南極の海でも北極の海でもみつかっています。マイクロプラスチックはもう、世界中の海に広がってし

北極や南極でもマイクロプラスチックが見つかっている

まっているのかもしれません。

## マイクロプラスチックが集まりやすい海がある

海には「海流」という水の流れがあり、風がおこす波もあるので、海をただようマイクロプラスチックはこれらに乗って動いていきます。いまお話ししたように、どこに流れて集まっていくかを観測ではっきりさせることはむずかしいのですが、コンピューターで計算することにより、おおまかな様子はわかります。

さきほどお話しした磯辺《いそべ》さんたちの研究グループは、つぎのようなことをコンピューターに計算させました。いま太平洋全体にマイクロプラスチックが広がっていると仮定します。これが、実際に観測された海流や風の波で、どのように動き、どこに集まっていくかを計算したのです。

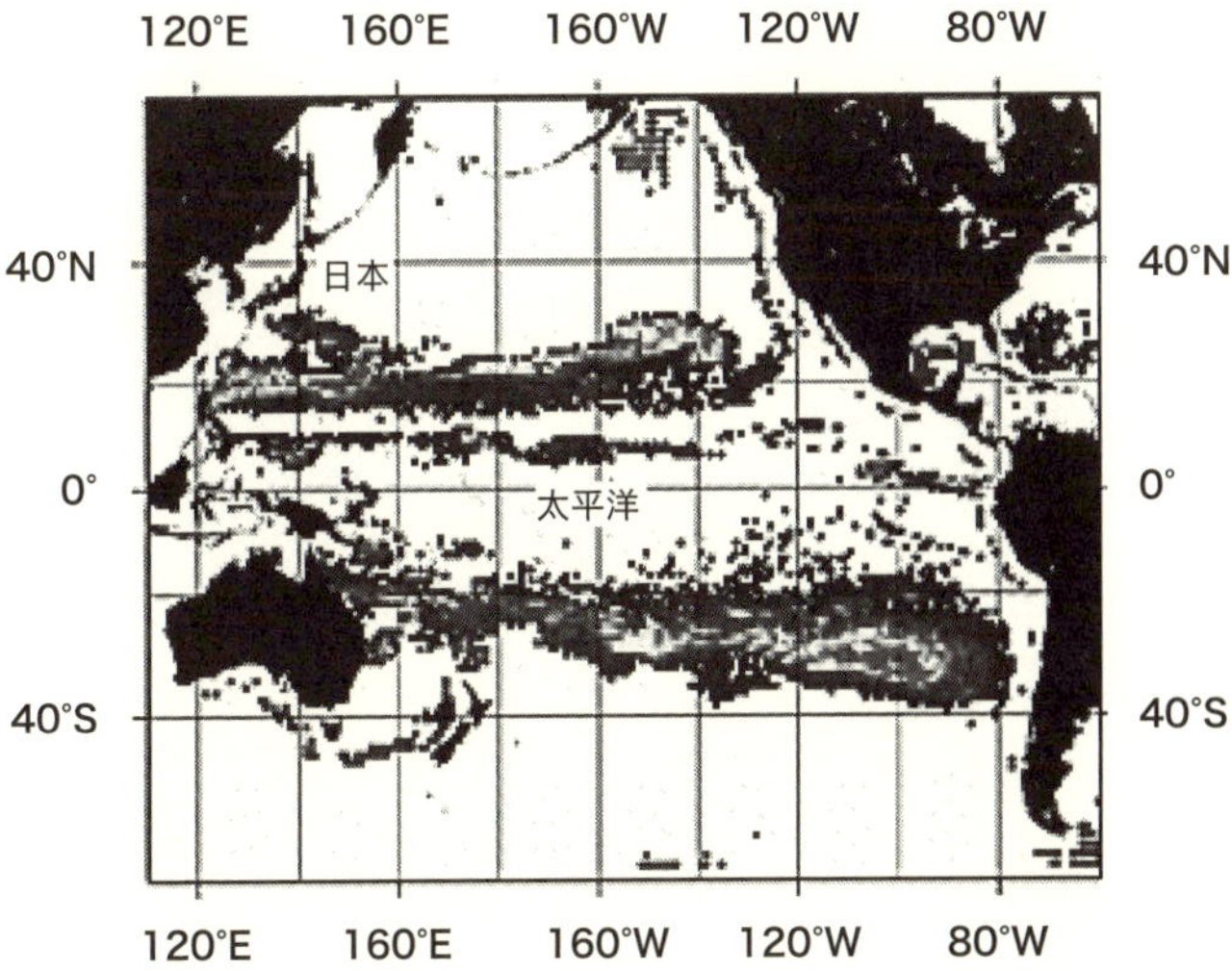


海のマイクロプラスチックが集まってくるようすをコンピューターで計算した図。日本の南方やハワイの北東沖、南米の西方沖などに集まってくる（磯辺篤彦・九州大学教授提供）

その結果、マイクロプラスチックの集まりやすい場所があることがわかりました。わたしたちの日本がある北太平洋では、北緯《ほくい》20度くらいの緯度《いど》にそって、西の端《はし》から東の端《はし》まで帯のように細長い海域《かいいき》にマイクロプラスチックは集まってきました。日本の南方やハワイの北東に、とくにたくさん集まるようです。

北太平洋の南半分では、全体を時計まわりにゆるやかな海流が流れています。西の端《はし》だけは強い北向きの海流になっていて、それが日本列島の南岸を流れている黒潮《くろしお》です。マイクロプラスチックが集まっているところは、時計まわりの中心に近い、海流の弱い場所になっています。雪が風の弱いところにふきだまりを作るように、マイクロプラスチックは海流のよどみに集まってくるようなのです。

ハワイの北東沖《おき》は、海のごみがたくさん集まる海として、むかしから有名です。ごみは帯状に広がっているので、「ごみベルト」ともよばれています。ほとんど目に見えないマイクロプラスチックも、やはりここに集まっているのかもしれません。

南太平洋でも、マイクロプラスチックが集まるようすは北太平洋とよく似ています。南緯《なんい》20~40度あたりに、やはり東西の帯状に集まってきます。

## マイクロプラスチックが「食物連鎖《れんさ》」に入りこんでいる？

地球上の生き物が生きていくための栄養のおおもとを作っているのは植物です。植物は、二酸化炭素と水から、太陽の光のエネルギーを使って栄養分を作りだします。このはたらきを「光合成」といいます。これは、第2章でもお話ししました。その植物を草食動物がえさとして食べ、草食動物を肉食動物が食べます。つまり、植物が作りだした栄養分で、草食動物も肉食動物も生きているのです。このような、生き物たちの「食べる」「食べられる」の関係を「食物連鎖《れんさ》」といいます。

食物連鎖《れんさ》の出発点になる植物は、海の中にもいます。代表的なのが植物プランクトンです。

「プランクトン」というのは、自分ではあまり泳がず、おもに海水の動きに流されて移動する生き物のことです。大きくても小さくてもかまいません。小さな微《び》生物《せいぶつ》もいますし、クラゲもプランクトンです。ですが、ふつう「プランクトン」というときは、ごく小さな生き物を指すことが多いようです。

プランクトンには光合成をする植物プランクトンもいますし、それを食べる動物プランクトンもいます。海で調査すると、マイクロプラスチックは1ミリメートルくらいの大きさのものが多くみつかるのですが、じつは、海の中にはこの大きさの動物プランクトンがたくさんいるのです。

海の中では、この動物プランクトンを魚などが食べ、それをさらに大きな魚やサメ、クジラなどが食べます。これが海の食物連鎖《れんさ》です。ですから、動物プランクトンとおなじ大きさのマイクロプラスチックがあると、小さな魚はそれをえさだと思って食べてしまいます。それをもっと大きな魚が食べ……という具合に、

# 海の食物連鎖《れんさ》

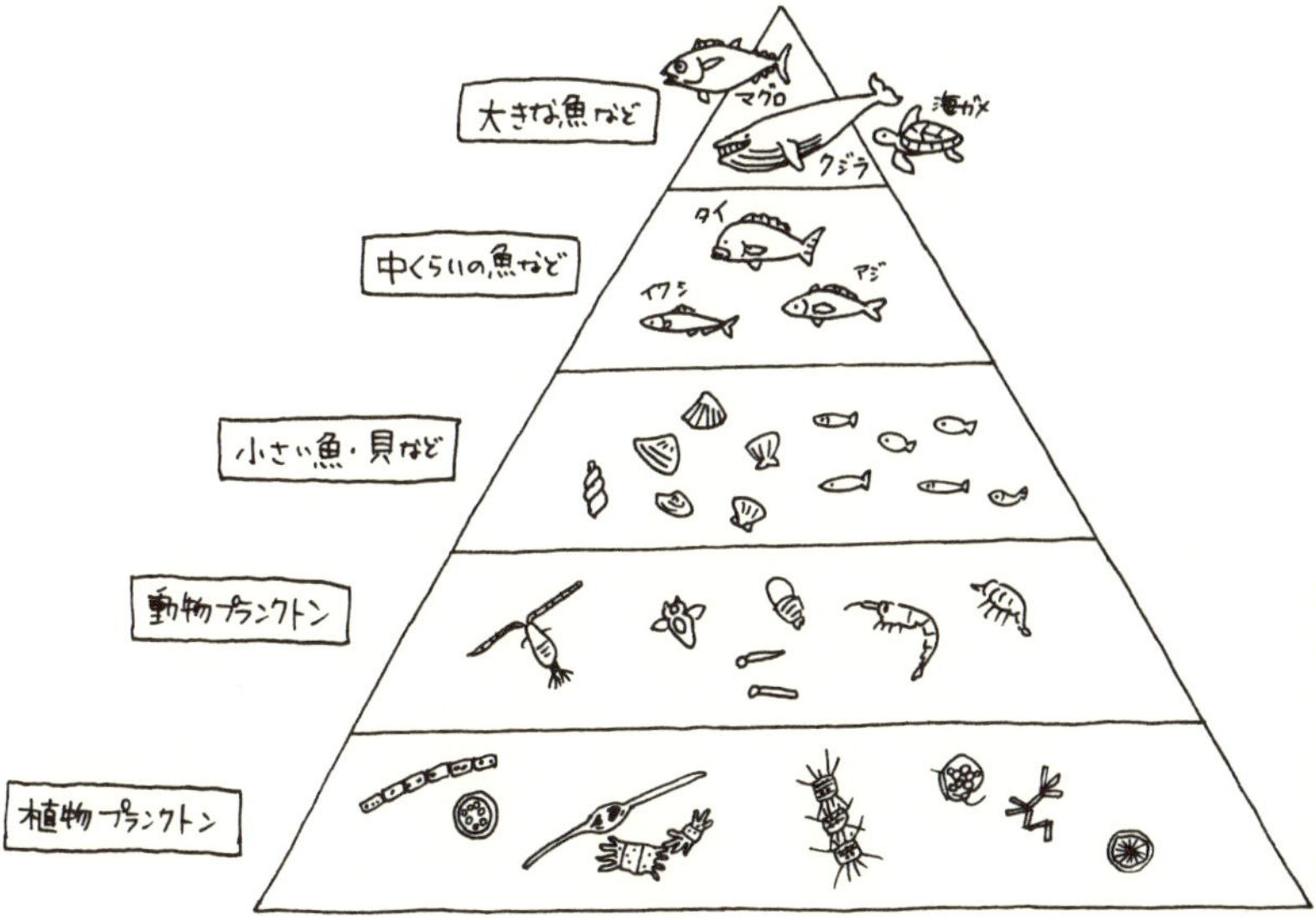
大きな魚など
マグロ
クジラ
海ガメ
中くらいの魚など
タイ
イワシ
アジ
小さい魚・貝など
動物プランクトン
植物プランクトン

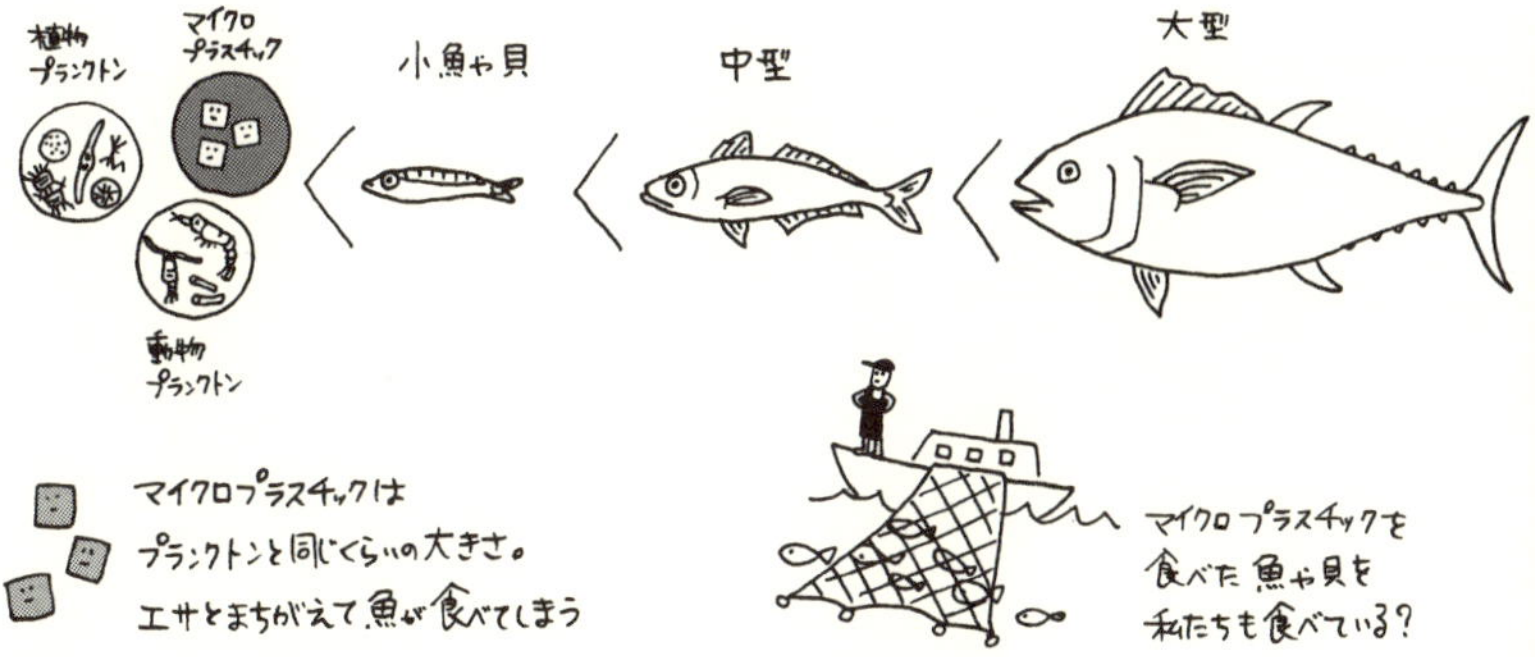
植物プランクトン
マイクロプラスチック
動物プランクトン
小魚や貝
中型
大型
マイクロプラスチックは
プランクトンと同じくらいの大きさ。
エサとまちがえて魚が食べてしまう
マイクロプラスチックを
食べた魚や貝を
私たちも食べている？

海の生き物全体に食物連鎖《れんさ》で広がる可能性があります。動物プランクトンが、自分より小さなマイクロプラスチックを食べてしまっているという報告もあります。

東京湾《とうきょうわん》にいるカタクチイワシの体内から、実際にマイクロプラスチックがみつかっていることは、この本の「はじめに」ですでにお話ししました。これは、日本だけの話ではありません。世界各地で、食用の海産物からマイクロプラスチックがみつかっています。

英国では、食用としてスーパーマーケットで売られている貝にマイクロプラスチックがふくまれていました。英国の8つのスーパーマーケットでムール貝を買って調べた研究者が2018年、その結果を発表したのです。

マイクロプラスチックは、すべてのムール貝にふくまれていました。生のまま売られていたムール貝には1個あたり4〜6個くらい、料理しやすいようにすこし加工したムール貝には1個あたり3～4個くらいのマイクロプラスチックがふくまれていたのです。

そのほとんどは、大きさが1ミリメートル以下の小さなもので、半分くらいがプラスチック繊維《せんい》でした。アクリルやポリエステルといったプラスチックの繊維《せんい》でできた服を洗《せん》たくすると、たくさんの細かい繊維《せんい》状のプラスチックが発生することが、研究でたしかめられています。

これらは食用のムール貝なのですから、料理され、マイクロプラスチックごと人間の口に入るわけです。

英国のムール貝や東京湾《とうきょうわん》のカタクチイワシのほかにも、東京湾《とうきょうわん》の貝、米国、インドネシアで売られていた魚や貝

ヨーロッパでよく食べられるムール貝。
マイクロプラスチックが見つかった

など、わたしたちが食用にする世界各地の海産物からマイクロプラスチックがみつかっています。マイクロプラスチックは、すでに、人間をふくむ地球の生き物の食物連鎖《れんさ》に入りこみ、わたしたちもかなりのマイクロプラスチックを食べている可能性があります。

## 健康への影響《えいきょう》はまだみられないが……

マイクロプラスチックは、さまざまな生き物の体内に、そして人間の体内にも取りこまれていると考えられます。ですが、いまのところ、この小さなマイクロプラスチックが原因で生き物がたくさん死んだり、健康に被害《ひがい》が出たりすることにはなっていないようです。

炭素と水素からできたプラスチックそのものは体に悪いわけではありませんが、

プラスチックを作るとき、軟《やわ》らかくしたり長持ちさせるため、その多くに薬剤《やくざい》をまぜています。また、海水中のいろいろな物質が、プラスチックの表面に付着して、それがしだいに濃《こ》くなることもあります。これらのなかには体に悪いものもありますが、マイクロプラスチックの量は、まだ被害《ひがい》が出るほど多くはないと考えられています。

また、わたしたちの体には、食べたもののうちで不要なものは、体の外に出すしくみがあります。かりに、マイクロプラスチックがふくまれているイワシを食べたとしても、イワシの栄養になる部分は消化し、マイクロプラスチックはうんちとともに外に出てしまいます。海のマイクロプラスチックのことを考えて魚や貝を食べないというのは、すこし気にしすぎといえます。

大きなプラスチックごみは、海にすむ動物に巻《ま》きついて動きをうばったり、まちがえて食べた動物のおなかをいっぱいにしてしまったりして、実際に被害《ひがい》を出しています。プラスチックの使用量は世界中で増え続けているので、海のマイクロプラスチックも、これから多くなっていくでしょう。そうなれば、海の生き物たちに、なにか悪い影響《えいきょう》がでてくるかもしれません。いずれにしても、わたしたちはいま、プラスチックごみをできるだけ出さないように工夫し、出す場合はきちんと処理《しょり》することが大切です。

# 4

# 海のプラスチックごみを減らすために

できることからやってみよう

## わたしたちにできることを考えよう

いまプラスチックの使用量は世界中でどんどん増えていて、ごみとして捨《す》てられるプラスチックも、やはり増えています。わたしたち人間が作りだしたプラスチックは、そのまま放っておいても、自然になくなるということはありません。小さくくだけてだんだん目につかなくなりますが、それは「マイクロプラスチック」となって海に広がり、生き物の体の中にも入りこんできています。そういうお話を、これまでしてきました。

このまま何もしないでおくと、やがて地球はプラスチックごみだらけになってしまうかもしれません。それを防ぐために、わたしたちは何をすればよいのでしょうか。これから、その点について考えていきたいと思います。

## 「燃やす」という方法

不要になったプラスチックで、わたしたちの身の回りや海をできるだけ汚《よご》さないようにするために、まずできるのは、プラスチックごみをきちんと処理《しょり》することです。そのために、みなさんが住んでいる市や町は、プラスチックごみの捨《す》て方を決めています。

プラスチックごみを処理《しょり》する方法のひとつは、集めて燃やすことです。プラスチックは自然にはなくなりませんが、燃やせば二酸化炭素と水になります。もうプラスチックではなくなるわけです。この方法のよいところは、家庭で使い終わったプラスチックの容器などが油などで汚《よご》れていても、そのまま燃えるごみといっしょに燃やせばよい点です。手間がかからず、かんたんです。

ただし、問題もあります。わたしたちが石油やガソリンなどを燃やすと、二酸化炭素が発生します。その二酸化炭素が大気中に増え、地球の気温は上がり続けています。これが「地球温暖化《ちきゅうおんだんか》」とよばれる現象です。地球温暖化《ちきゅうおんだんか》が進むと、大雨や強い台風など、災害に結びつく現象が増えると考えられています。プラスチックを燃やすと二酸化炭素が発生するので、これは地球温暖化《ちきゅうおんだんか》を進めてしまうことになります。いま世界の国々は、二酸化炭素を出さないように努力する「パリ協定」という約束をして、地球温暖化《ちきゅうおんだんか》をできるだけ防ごうとしています。プラスチックを燃やせば、そのぶんだけこの約束を守りにくくなります。

プラスチックを燃やして処理《しょり》するには、きちんとした設備も必要です。ごみとなったプラスチックを燃やすと「ダイオキシン」という有害な物質が発生することがあるので、それがもれ出してわたしたちの身の回りを汚《よご》すことがないようにしなければならないからです。

## もういちど原料にして使う「リサイクル」という方法

容器などとして使い終わったプラスチックを「ごみ」にしないためには、それを何かの原料としてもういちど使う「リサイクル」という方法があります。

みなさんが買ってくる水やジュースの多くは、ペットボトルに入って売られています。500ミリリットルのペットボトル、2リットルのペットボトルなど、いろいろな大きさがありますね。この「ペット」というのは、「ポリエチレンテレフタレート」という種類のプラスチックのことです。

家庭ででたプラスチックごみを捨《す》てるとき、このペットボトルは、ふつうのプラスチックごみとは別に回収《かいしゅう》することが多いと思います。これは、ペットボトルをリサイクルするためです。

使い終わったペットボトルを回収《かいしゅう》に出すときは、中を水ですすいでキャップを外しておくのが基本です。キャップはポリエチレンテレフタレートではなく、ポリエチレンやポリプロピレンでできているからです。いろいろな種類のプラスチックがまじってしまうと、リサイクルしにくいのです。それに、キャップをしめたままだと、工場でボトルをつぶすときに破裂《はれつ》するおそれもあります。

こうして集めたペットボトルは、残っているよけいなプラスチックや金属などを取りのぞいてきれいにし、細かくくだいたり、いちど溶《と》かしてから固めて小さな粒《つぶ》にしたりします。これらが、新しいペットボトルや服の繊維《せんい》、洗剤《せんざい》の容器などに生まれ変わります。

ポリエチレンテレフタレートでできたボトルでも、このようには回収《かいしゅう》しないも

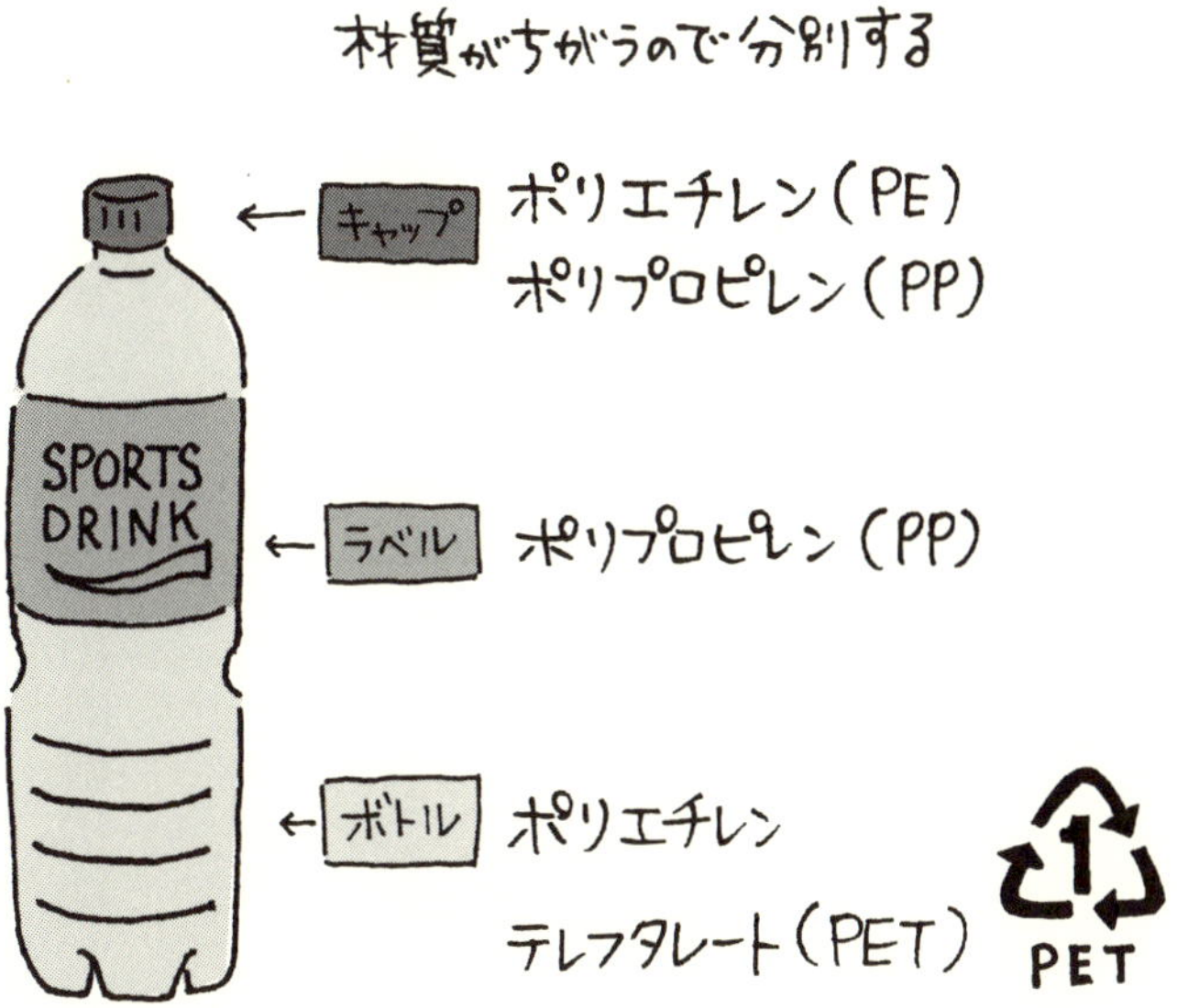


のもあります。回収《かいしゅう》するのは、飲料や調味料といった食品に使われるものだけです。回収《かいしゅう》すべきペットボトルには、それを示すマークがついています。また、食品でも、ドレッシングのように油をふくんでいるもの、ソースのようににおいのきついものは回収《かいしゅう》の対象になりません。そういうペットボトルは、そのほかのプラスチックといっしょに捨《す》てます。

ペットボトルは、プラスチックごみのなかでも、リサイクルのしくみがいちばんよく整っています。

## 日本のリサイクルの現状は

日本では、プラスチックごみのうち約4分の1は、もういちどプラスチックの製品に作りなおしてリサイクルされています。2016年には、899万トンのプラスチックごみのうち206万トンがこうしてリサイクルされました。ペットボトルのほか、ものを包んだり入れたりするためのフィルム状のプラスチックや電気製品に使われるプラスチックなども、新たなプラスチック製品として生まれ変わります。

このほか、たとえば石炭をむし焼きにして作る「コークス」という燃料の代わりにプラスチックから作ったものを使ったり、プラスチックからガスを作って薬品の原料にしたりすることもあります。プラスチック製品として生まれ変わるの

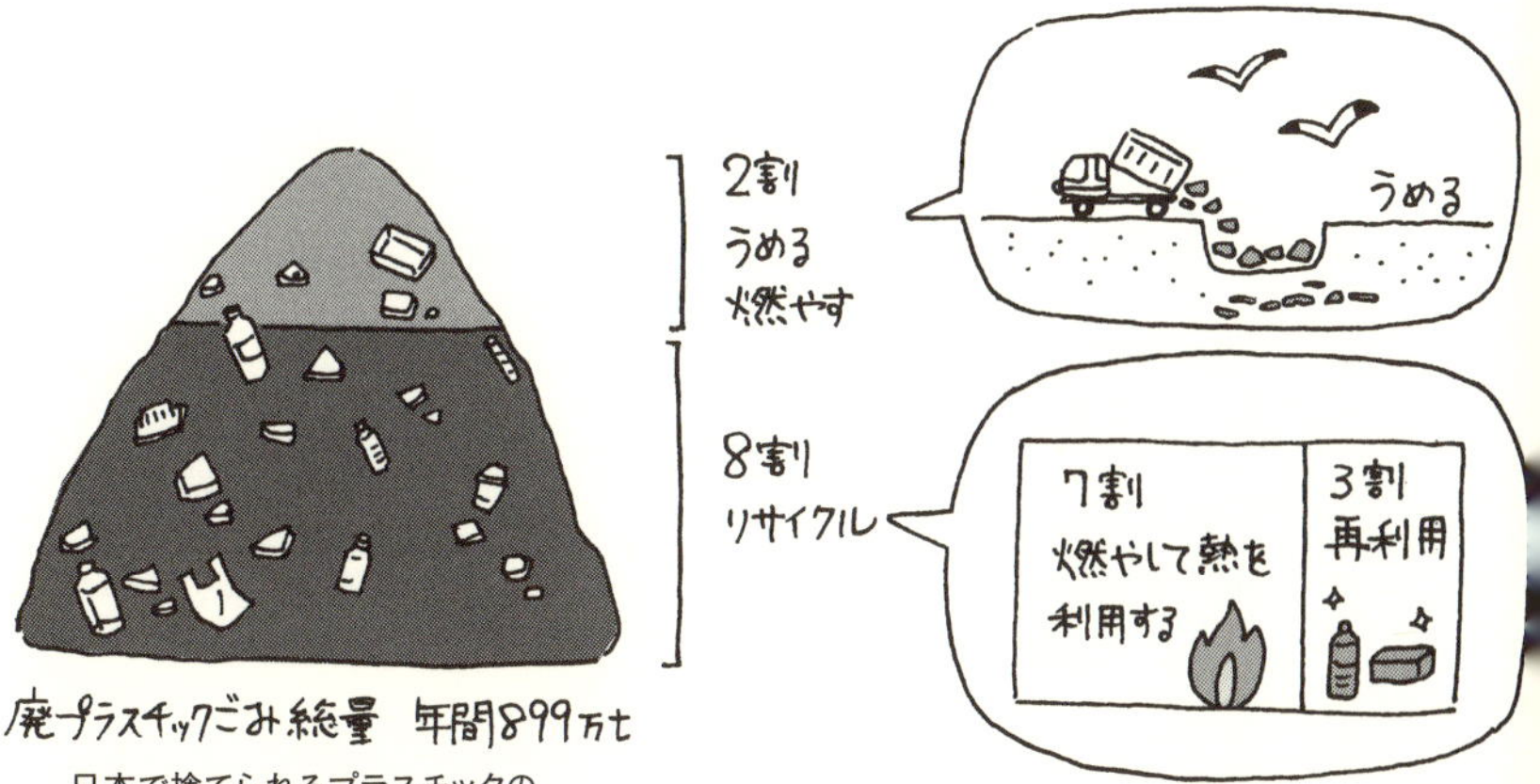


日本で捨てられるプラスチックの
8割はリサイクルされている

ではなく、別の使い方で再利用されるわけです。

さらに、これはあまり「リサイクル」という感じはしませんが、燃やしてその熱を利用することもあります。プラスチックごみを有効に再利用するという意味で、日本ではこれも「リサイクル」のひとつと考えています。実際には、こうして燃やして熱にするリサイクルがいまの日本ではいちばん多く、全体の7割《わり》になっています。

いまの日本では、ごみとして捨《す》てられ

てプラスチックの8割《わり》がリサイクルされ、そのうちの7割《わり》が、燃やして熱として利用されるリサイクルです。「リサイクル」というとふたたびプラスチックとして容器などに利用されることを思いうかべますが、そうした利用のしかたはかなり少ないのが現状です。

## 「プラマーク」に注目

家庭から出るごみのうち、「プラスチック」として分けて回収《かいしゅう》するプラスチック製品には、「プラ」と書かれた四角いマークがついています。「プラマーク」とよばれるマークです。

このプラマークは、すべてのプラスチック製品についているわけではありません。ついているのは、食べ物や飲み物、そのほかの商品を入れておいたり包んだ

プラマークのついている製品は、「プラスチックごみ」として回収する

りするために使われるプラスチック製品です。中身を使ってしまえばもういらなくなる容器や袋《ふくろ》など、すぐにごみになりやすいプラスチックといえます。家庭から出るプラスチックごみの7割くらいが、こうした容器や包装《ほうそう》のプラスチックです。ですから、こうした容器や包装《ほうそう》にはプラマークをつけて、リサイクルにとくに力を入れているわけです。

ごみを回収《かいしゅう》するのは市や町の仕事です。プラスチックごみをどのように分けて回収《かいしゅう》するかは、それぞれの市や町によってすこし違《ちが》っています。たとえば音楽のCDを買うと、透明《とうめい》なケースに入っていますね。このケースはふつうポリスチレンというプラスチックでできていますが、CDを使ってその場で不要になるごみではないので、プラマークはついていません。ですから、もしこのケースを捨《す》てるときは、ごみの捨《す》て方としては「プラスチック」ではありません。「燃えるごみ」として捨《す》てるのか、「燃えないごみ」として捨《す》てるのか、市や町によって違《ちが》うようです。

ごみには、「燃えるごみ」「燃えないごみ」「燃やさないごみ」「資源《しげん》ごみ」などと、市や町によってさまざまな名前がつけられています。分け方も市や町によって違《ちが》います。みなさんの住んでいるところは、どのようにしてプラスチックごみを回《かい》収《しゅう》しているのか、ぜひインターネットやパンフレットなどで調べてみてください。

## 何のためにリサイクルするのか

プラスチックごみは、紙などのほかのごみとは分けて回収《かいしゅう》し、リサイクルすることがすすめられています。では、このリサイクルは、何のためにするのでしょうか。

まずひとつは、ごみを減らすためです。プラスチックにかぎらず、わたしたちが生活すれば、ごみが出ます。燃やせばごみは小さくなりますが、それでも燃えかすは、どこかにうめなければなりません。プラスチックの場合は、きちんと回《かい》収《しゅう》できなかった場合がとくに問題です。川に入り海に流れていけば、世界の海を汚《よご》しつづけることになります。

プラスチックごみをリサイクルすれば、そのごみは「ごみ」ではなくて、なにかほかのことに役立つ原料になります。そのぶんだけ、原料を節約できることにもなります。こうして「ごみ」を減らすのが、リサイクルの目的のひとつです。

もうひとつの目的は、地球の資源《しげん》をむだ使いしないことです。いまプラスチックは、石油や天然ガスを原料にして作られています。この石油や天然ガスのもとになっているのは、何億年もまえに地球でくらしていた生き物たちです。かれらが地中にうまり、長い年月をかけて石油や天然ガスに変化します。

わたしたちは、ここ100年ほどのあいだに、石油を多量に使うようになりました。家庭や工場で燃やして熱をとったり、発電用の燃料、自動車のガソリンなどに使われたりしています。長い年月をかけてできた石油を100年ほどで多量に使えば、石油ができるスピードが使うスピードにまったく追いつかず、やがては不足してくるおそれもあります。プラスチック製品を作るときにプラスチックごみを再利用すれば、そのぶんだけ新たに石油を使う必要がなくなり、石油を節約できるわけです。

## どうすれば資源《しげん》の節約になるのかを考えよう

リサイクルと石油の節約について、もうすこしお話ししましょう。

ペットボトルや、食品がのっていた発泡《はっぽう》スチロール製の白いトレーなどを捨《す》てるときは、汚《よご》れたままではリサイクルしにくいので、水で洗《あら》って、ある程度きれいにしてから捨《す》てることになっています。

ほんとうは、きれいにすればするほど、そのプラスチックごみを次のプラスチック製品の原料にするには都合がよいのですが、これはかならずしも「リサイクル」の本来の目的にかなうとはかぎりません。

たとえば、水では汚《よご》れが落ちにくいのでお湯を使ったとします。お湯をわかすにはエネルギーが必要です。エネルギー源として石油を使ったとすると、必要な石油の量は、そのプラスチック製品を石油から新しく作るより多いという見方もあります。リサイクルのためにきれいに洗《あら》おうとしてお湯を使うと、かえってたくさんの石油を使ってしまうことになるのです。

また、ジュースを売るとき、ペットボトルの代わりに、くりかえし使えるガラスのびんを使ったとしましょう。たしかにプラスチックの節約にはなりますが、重くなるので、トラックなどで運ぶときに、より多くのガソリンを使うことになります。プラスチックを使わないようにするためにガソリンをたくさん使うというのでは、何のためにプラスチックを節約しているのかわかりません。

食べ物を包むプラスチックは、その食べ物が傷《いた》まないようにする役目もはたしています。もしプラスチックを使わないことにすれば、食べ物が傷《いた》んだりくさったりしやすくなって、食べられずに捨《す》てなければならない食べ物が増えるかもしれません。これも資源《しげん》のむだ使いです。

プラスチックをどのようにリサイクルすればよいのか。プラスチックをできるだけ使わないようにしたとき、かえってむだやごみが増えるのではないか。どうすれば資源《しげん》の節約になり、しかも、プラスチックごみで汚《よご》れていない地球でくらすことができるのか。プラスチックは、わたしたちの生活に深く入りこんでいるだけに、さまざまな社会の問題とも結びついています。こうした問題に答えるには、プラスチックごみのことだけではなく、わたしたちの暮《く》らしや社会のしくみ全体を考えていかなければなりません。わたしたちはこれから、どういう社会をどのようにして作っていけばよいのか。それは、わたしたち一人ひとりが考えなければならない問題です。

## 川や海をきれいにする活動

川岸や海岸には、たくさんのプラスチックごみが流れついています。放っておけば、やがて小さくくだけてマイクロプラスチックになり、回収《かいしゅう》できない状態《じょうたい》で長いあいだ海をただようことになるのかもしれません。そうならないうちに、できるかぎりそうじして回収《かいしゅう》しておこう。そう考えて活動を続けている人たちがいます。

第1章でふれた「荒川《あらかわ》クリーンエイド・フォーラム」も、そのひとつです。アメリカの首都ワシントンには、海の環境《かんきょう》を守るための活動をしている「オーシャン・コンサーバシー」という団体があり、そこが中心となって、世界中で海岸のごみをそうじする「国際海岸クリーンアップ」を実施《じっし》しています。この活動をきっか

ボランティアによる荒川河川敷のごみ拾い活動

けにできた国内の団体もあります。美しい海、美しい地球をめざして、多くの人たちががんばっています。

こうしたごみそうじは、とても大変です。ペットボトルは、まだいいほうです。きちんと形をたもっているので、拾い集めることができます。ですが、河原にうまったレジ袋《ぶくろ》は、引っぱりだそうとすると、ぼろぼろにちぎれてしまいます。第2章でお話ししたように、太陽の紫外線《しがいせん》があたって、プラスチックがすっかり弱くなってしまっているのです。これでは集めようがありません。いつかは海に流れこんで、マイクロプラスチックになるのでしょう。それに、こうして川や海をいちどそうじしても、しばらくたつと、またたくさんのごみが流れついて、もとのようになってしまいます。それならば、川や海のそうじなんて、しても仕方ないのでしょうか。

きっと、それは違《ちが》います。みなさんは、自分の部屋をそうじしたとき、どんな気分になるでしょうか。すっきりとよい気分になって、できるだけ汚《よご》さないようにしたくなりませんか。ごみがでれば、放っておかずにごみ箱に捨《す》てるでしょう。どうせごみになるものは、部屋に持ちこまないようにするかもしれませんね。いずれまた汚《よご》れるにしても、「やっぱり部屋は、きれいなほうがいいな」という気持ちになれると思います。

川岸や海岸のそうじは、もちろんそれで放置されたごみが少なくなるのですから、現実的な意味をもっています。ですが、おそらく、それだけではありません。

部屋をそうじしたときのように、「こんなきれいな海にしておきたい」「ペットボトルのポイ捨《す》ては、もう絶対にやめよう」という気持ちになれることも、とても大切なことです。

子どもたちばかりではありません。おとなだって、そうです。いまおとなが海をプラスチックごみで汚《よご》せば、マイクロプラスチックだらけの海を子どもたちに残すことになってしまうかもしれない。自分たちが汚《よご》した海で自分たちが苦しむならまだしも、子どもたちを苦しめるのは、絶対にさけたい。そういう気持ちになるはずです。

世界中で1年間に何億トンのプラスチックが生産されたとか、海に何百万トンのプラスチックごみが流れこんだとかいわれても、あまりに数字が大きいので実感がわきません。ですが、川岸や海岸に散らばっているたくさんのペットボトルやレジ袋《ぶくろ》を実際に自分の目で見ると、その数字がどういうことを意味しているのかが、はっきりとわかります。

こうした活動を通して、プラスチックごみが川を、そして海を汚《よご》していることを実感し、それをすこしでも食い止めるよう、自分の生活を工夫してみることが大切です。プラスチックごみを減らすためには、社会のしくみが変わっていくことと同時に、みなさん一人ひとりの心がけも大切なのです。

## 地球温暖化《ちきゅうおんだんか》とプラスチックごみ問題

さきほどプラスチックごみを燃やすお話をしたときに、「地球温暖化《ちきゅうおんだんか》」にすこしふれました。大気中に二酸化炭素というガスが増えているため、地球の気温が上がってきてしまっている現象のことです。地球温暖化《ちきゅうおんだんか》が進むと、強い台風やはげしい雨が増えたり、海面が高くなって土地の低いところは水びたしになったりすると予想されています。そこで世界の国々は、地球温暖化《ちきゅうおんだんか》が進むのをできるだけおさえようとしています。

プラスチックごみの問題は、この地球温暖化《ちきゅうおんだんか》の問題によく似ているところがあります。

地球の大気には、自然な状態《じょうたい》でも、ごくわずかな二酸化炭素がふくまれています。ところが、ここ100年あまり、わたしたち人間は、便利な生活をするために石炭や石油をたくさん使うようになりました。むかしは石炭を燃やした熱で汽車が走っていましたし、いまは石油から作ったガソリンを燃料にして、多くの自動車が人や荷物を運んでいます。わたしたちの暮《く》らしを便利にしてくれる電気は、発電所で石炭や石油などを燃やして作っています。

石炭や石油を燃やすと、かならず二酸化炭素が発生します。それが大気中の二酸化炭素を増やし、現在の地球温暖化《ちきゅうおんだんか》を引きおこしているのです。

もし、石炭や石油をまったく使わないことにすれば、地球温暖化《ちきゅうおんだんか》が進むのをかなり防げるはずです。ですが、ほんとうにそんなことができるでしょうか。

もしそうなれば、自動車は使えず、電気もじゅうぶんにないので、家のあかりもつかなければ、電車も動きません。お店で売る品物を運んでくることもできません。トラックが動けないからです。いまのわたしたちの生活は、石炭や石油を燃やして便利に暮《く》らすしくみになってしまっているので、大昔に電気がなかったころのような生活にもどることは、現実にはできなくなっています。

ですから、わたしたちの生活にともなって二酸化炭素がたくさん出るのは困《こま》ったことですが、それをいきなりゼロにするのではなく、できるだけ出さないように世界のみんなで協力することが大切なのです。

ここが、プラスチックごみの問題とよく似ているところです。いまわたしたちの身の回りには、プラスチックがあふれています。のどがかわいたら手軽に自動販売機《はんばいき》で飲み物を買えるのも、軽くて丈夫《じょうぶ》なペットボトルがあるからです。みなさんの家の部屋を見回してみてください。シャンプーや洗剤《せんざい》の容器、お菓子《かし》の袋《ふくろ》、ボールペンやシャープペン、電気製品。衣類に使われている化学繊維《せんい》にも、ポリエステルなどのプラスチックが使われています。これほどたくさん使われているプラスチックをゼロにできるでしょうか。

いま社会は、リサイクルなどを通してプラスチックをできるだけ使わないようにして、ごみとして捨《す》てるときは、海などの自然を汚《よご》さないようなしくみを整えようとしています。「プラスチックを使わないなんてことはできない。だからいまのままでいい」ではなく、みんながすこしずつ努力して、プラスチックごみがこのさきも地球を汚《よご》していくことを、できるだけ食い止める必要があるのです。

## プラスチックごみを減らす世界の動き

世界はいま、みんなで協力してプラスチックごみを減らそうとしています。このようなとき、世界の国々のまとめ役になるのが国際連合（国連）です。

国連のアントニオ・グテーレス事務総長は、地球を守るにはプラスチックごみを減らすことが大切だと、なんども述べています。2018年6月5日の「世界環境《かんきょう》デー」には、「プラスチックごみで地球を汚《よご》すのをやめること。それが今年のたった一つのお願いだ」とよびかけました。リサイクルできない使いすてのプラスチックは、けっして使わないようにしようというのです。

その3日後、6月8日の「世界海の日」に発したメッセージは、より具体的です。プラスチックのごみで海をもう汚《よご》さないよう、一人ひとりが自分の水筒《すいとう》や買い物袋《ぶくろ》を持ち歩いたり、ごみを拾い集める活動に参加したりしようと述べています。こうしたみなさんの少しずつの努力が、大きな成果として実を結ぶだろうと強調しています。

国連には、さまざまな仕事をするための、たくさんの組織があります。そのうちのひとつ、世界の国々が豊かに成長していくことを目的とする「経済協力開発機構」は2018年5月、プラスチックのリサイクルをもっと進めるべきだという報告書を発表しています。この報告書によると、いま新しく作られているプラスチックの量は、リサイクルで作り直されるプラスチックの量の約8倍にもなっています。まだまだ、リサイクルのプラスチックは少ないのです。その原因として、プラスチックを作るとき、新しく作るほうがリサイクルより安くできることをあげています。これでは、プラスチックを作る人たちは「リサイクルで作ろう」という気になれません。プラスチックのリサイクルを進めるための社会のしくみが、まだまだ不十分だということなのです。使いすてのレジ袋《ぶくろ》やプラスチック製のスプーンやストローを、ただではなく有料にすることも勧《すす》めています。

こうした動きを受けて、世界のおもな国が参加している「主要国首脳《しゅのう》会議（G7）」は2018年6月、「海洋プラスチック憲章《けんしょう》」をまとめました。これにできるだけそって、それぞれ自分の国でプラスチックごみを減らしていこうという約束です。2030年までに、すべてのプラスチック製品を、そのまま捨《す》てずに再利用したり作り直して使ったりするようにし、それができなければ、せめて燃やして熱として利用すること。2040年までには、プラスチック容器のすべてを再利用するか、作り直してもういちど使うようにすること。こうした目標をかかげています。

この海洋プラスチック憲章《けんしょう》の特徴《とくちょう》は、「何年までに、どれだけの量をこうしよう」という具合に、具体的な数字をあげて目標を示していることです。このよう

## 「海洋プラスチック憲章《けんしょう》」のおもな内容

●すべてのプラスチックを2030年までに再使用またはリサイクルできるものに、それができなければ、燃やして熱として使うことをふくめ100%を再利用できるものにするよう産業界と協力する。

●プラスチックの代わりに使うものが環境《かんきょう》にあたえてしまう影響《えいきょう》も考え、不必要な使い捨《す》てプラスチックの使用を大はばに減らす。

●リサイクル原料を使ったプラスチック製品を2030年までに少なくとも50%増やすよう産業界と協力する。

●洗《あら》い流すタイプの化粧品《けしょうひん》や洗顔《せんがん》せっけん、歯みがきなどの身の回り用品にふくまれるプラスチック製マイクロビーズの使用を2020年までにできるだけ減らすよう産業界と協力する。

●リサイクルまたは再使用するプラスチック容器の割合《わりあい》を2030年までに少なくとも55%に高め、2040年までにはすべてのプラスチックを再利用するよう産業界および政府と協力する。

●プラスチックの回収《かいしゅう》、再使用、リサイクル、燃やして熱を回収することをふくむ再利用といった環境にやさしい処分方法により、プラスチックごみを国内で資源としてあつかえるよう各国の能力を高め、プラスチックが海に流れ出ることを防ぐ。

な数字なしに、「いつかは実現できるように、なんとかがんばろう」というだけでは、人はなかなか実行に移さないものです。みなさんも、「この宿題はできるだけ早いうちに出してください」といわれるのと、「あさってまでに出してくださいい」といわれるのとでは、本気度が違《ちが》ってきますね。これとおなじことです。

この憲章《けんしょう》には英国やフランス、ドイツ、イタリア、カナダなどが署名し、プラスチックの使用を減らしていくことを、その場で世界に約束しました。しかし、日本と米国は署名《しょめい》しませんでした。残念ながら日本は、プラスチックごみの問題で、あまりやる気のない国だと世界から思われているかもしれません。

世界には、すでにプラスチック製のストローやレジ袋《ぶくろ》などの使用を禁止した国や自治体もあります。米国のカリフォルニア州などでは、すでにレジ袋《ぶくろ》の配布を禁止しています。アフリカのケニアでも、プラスチックでできたポリ袋《ぶくろ》の使用が禁止されています。国連環境《かんきょう》計画（ＵＮＥＰ）によると、使いすてプラスチック製品の規制を導入している国は、世界で60カ国以上になっています。

早々と動きだした企業《きぎょう》もあります。7月には、世界的なコーヒーチェーンのスターバックスが、使い捨《す》てのプラスチック製ストローの使用を2020年でやめると発表しました。ハンバーガーチェーンのマクドナルドも、英国とアイルランドでプラスチック製ストローを紙のストローにかえていくといいます。日本でも、こうした動きがでています。

アメリカのスターバックスで使われている、ストローなしで飲める新しいカップのふた

## プラスチックごみは、もう「輸出」できない

プラスチックごみは、リサイクルして新しい製品の原料として使える「資源《しげん》」でもあります。そのため、中国などはこれまでに、プラスチックごみを輸入してきました。ところが、その中国は、プラスチックごみの輸入を、もうしないことにしました。プラスチックごみが国内にあふれるのを防ぐことが目的のようです。

日本はこれまで、1年間に100万～150万トンものプラスチックごみを中国に輸出してきました。中国が受け取らなくなれば、ほかの国に引き取ってもらうことを考えなければなりませんが、中国ほどたくさんのプラスチックごみを受け入れてくれる国はありません。日本国内のプラスチックごみは、行き場を失いつつあります。

## 自然に分解される「生分解性プラスチック」

プラスチックは丈夫《じょうぶ》で、ごみになって、たとえ細かくくだけても、そのまま残りつづけます。プラスチックは自然界にはない物質なので、それを分解して自然にかえしてくれる微生物《びせいぶつ》がいないのです。そういうお話をまえにしました。

プラスチックのほとんどはそうなのですが、一部には、微生物《びせいぶつ》が分解してくれるプラスチックもあります。それらは「生分解性プラスチック」とよばれていま す。石油から作られるものもあれば、でんぷんのように、もともと自然界にある材料で作られるものもあります。

生分解性プラスチックのなかには、最終的に完全に水と二酸化炭素にまで分解されるものと、そうでないものがあります。自然界にある材料とふつうのプラスチックをまぜて作った生分解性プラスチックだと、とちゅうまでは分解されるのですが、ふくまれていたふつうのプラスチックの成分は、やはり分解されずに残ります。分解されやすいだけに、ふつうのプラスチックより早くマイクロプラスチックができあがってしまうことにもなります。

生分解性プラスチックを分解してくれる微生物《びせいぶつ》は、どんな条件でも働いてくれるわけではありません。生き物ですから、よく働ける温度などの条件がきまっています。ですから、たとえ土にうめたときは分解されても、マイクロプラスチックとなって海をただよっているときに、うまく分解されるとはかぎりません。

また、生分解性プラスチックは値段が高く、ふつうのプラスチックにくらべて丈夫《じょうぶ》でないといった欠点もあります。そして、生分解性プラスチックでできた製品は、リサイクルには使いません。使いすてです。プラスチックごみを減らすためにリサイクルを進めようという社会の流れのなかで、この生分解性プラスチックをどうあつかっていくのかも考えなければなりません。

## 海をプラスチックで汚《よご》さない「市民」になる

みなさんは「市民」という言葉を知っているでしょうか。

「市民」には、おおきく分けて二つの意味があります。一つは、「その市に住んでいる人」という意味です。わたしは東京都国立市に住んでいるので、国立市民です。もう一つは、「自分が暮《く》らしている社会について、さまざまな人の立場になってきちんと考える人」という意味です。

みなさんのクラスが、次の学芸会で劇《げき》をやるか合唱をやるか、どちらかに決めることになったとしましょう。こんなとき、それぞれがやりたいほうに手をあげて、数の多いほうにするという決め方があります。多数決ですね。この決め方の特徴《とくちょう》は、みなさんの一人ひとりが、どちらにするかを決める権利《けんり》をもっていることです。先生ひとりが決めるのではなく、クラスのみんなが一人ひとり同じ権利《けんり》をもって決めるわけです。

このように自分たちのことは自分たちで決めるしくみを、民主主義のしくみといいます。いまの日本は、おとなが選挙で政治家を選び、その政治家たちが社会のことを決めるしくみになっています。みなさんが手をあげて決めるのとはすこし違《ちが》いますが、このしくみをもった日本も民主主義の社会です。

できるだけ多くの人の意見にそって物事を決めるのは、民主主義の社会の基本です。ですが、それには大切な前提があります。さまざまな立場の人の意見を聞き、どうすればみんなが幸せになれるかを、きちんと話し合うことです。

ただたんに自分が劇《げき》をやりたいから劇《げき》に手をあげるのではないのです。話し合ってみたら、ここ何年も合唱をやっていないことがわかった。合唱をやりたい人も、クラスにはたくさんいる。それならば、ほんとうは劇《げき》をやりたいんだけれども、今回は合唱に手をあげようか。クラス全体のことを考えたら、きっとそのほうがいい……。それが「市民」としてのものの考え方です。

プラスチックごみについても、おなじことです。コンビニで買い物をすると、手ぶらで行っても品物をレジ袋《ぶくろ》に入れてくれます。自分で買い物袋《ぶくろ》を持っていく手間もかからず便利です。ですが、このレジ袋《ぶくろ》は、プラスチックごみを増やす大きな原因になっています。買い物のとき自分の袋《ふくろ》を持っていくのはめんどうだけれど、1枚でもレジ袋《ぶくろ》を減らしたほうが社会のためだ。すこし不便だけれども、みんなが気持ちよく暮《く》らせる社会のために、レジ袋《ぶくろ》は使わないようにしよう。みんなでそう考えることが、すこしずつ世の中を変えていきます。

プラスチックごみを減らすのは、じつはたいへんなのかもしれません。ですが、これはきっと、どうしてもやらなければならないことなのです。

プラスチックごみを減らすために、わたしたちは何ができるのかを考えてほしい。この本の最初に、そう書きました。いまプラスチックごみは、どれだけ増えているのか。なぜプラスチックごみは困《こま》るのか。そして、海がマイクロプラスチックで汚《よご》れていること。生き物が苦しめられていること。いま世界が協力して、プラスチックごみを減らそうとしていること。そういったことをお話ししてきました。地球をこれ以上、プラスチックごみで汚《よご》さないようにしよう。そんな気持ちになってもらえたでしょうか。

むだなレジ袋《ぶくろ》はもらわない。不要になったプラスチックは、みなさんの住んでいる市や町が決めている方法にしたがって、きちんと捨《す》てる。できることは、いくつもあります。自分にできることは何なのかを考えてみて、さっそく今日から始めてみませんか。

**保坂直紀**（ほさか・なおき）
東京大学理学部地球物理学科卒業。同大大学院で海洋物理学を専攻。1985年読売新聞社に入社。おもに科学報道にたずさわる。2010年に東京工業大学で博士（学術）を取得。2017年まで東京大学海洋アライアンス上席主幹研究員。現在はサイエンスライターとして、海洋や気象、環境問題などをテーマに執筆をおこなっている。
小学生のころ、自分の部屋の入口に、母がかまぼこの板で作ってくれた「保坂研究室」という札を下げていた。科学者になりたくて大学と大学院に進むが、「科学を伝えることも楽しそうだな」と思い新聞記者、サイエンスライターの道に。気象予報士の資格も持つ。
著書に『謎解き・海洋と大気の物理』『謎解き・津波と波浪の物理』『びっくり！地球46億年史』『海まるごと大研究』（講談社）、『これは異常気象なのか？』『やさしく解説 地球温暖化』（岩崎書店）など。

**クジラのおなかからプラスチック**

2018年12月25日　初版第1刷発行

著者……………保坂直紀
発行者……………木内洋育
ブックデザイン……………宮脇宗平
イラスト……………手塚雅恵
編集担当……………今井智子
発行所……………株式会社旬報社
〒162-0041
東京都新宿区早稲田鶴巻町544　中川ビル4F
TEL：03-5579-8973　Fax：03-5579-8975
HP：http://www.junposha.com/
印刷製本……………中央精版印刷株式会社


ISBN978-4-8451-1566-2